春联挥毫必备

王羲之行书集字春联

沈浩 编

上海书画出版社

四表光華臨正朔
萬方歌舞慶同春

《春联挥毫必备》编委会

主编
王立翔

副主编
程　峰

编委（按姓氏笔画排序）

王立翔　王　剑　吴志国　吴金花

沈　浩　沈　菊　张杏明　张恒烟

张　忠　郑振华　程　峰　雍　琦

出版说明

『爆竹声中一岁除，春风送暖入屠苏。千门万户曈曈日，总把新桃换旧符。』王安石的《元日》诗描绘了一幅宋代的春节风俗图：燃爆竹、饮屠苏酒、换桃符。然而，早在一百年前的五代后蜀孟昶那里，桃符已以一副书为『新年纳余庆，嘉节号长春』的春联悄悄改变了形式与内涵：鲜艳的红纸取代了长方形桃木板，吉祥的联语取代了『神荼』、『郁垒』的名字或画像，其寓意也由原来的驱邪避灾转向了求安祈福。春节是我国农历年中第一个也是最重要的传统节日，春联在辞旧岁迎新春的同时，也渗进了农业社会人们朴素的生活理想：国泰民安、人寿年丰、家庭和睦、事业顺利。春联对仗的联语不仅是文字的精妙组合与书法的多样呈现，更是人们美好生活祈向的承载。这些生活祈向，虽然穿越古今，却经久不衰，回荡在一代代人的内心深处。作为这些生活祈向的载体，作为从古代派往现代的使者，春联的命运也同样历久弥新。无论大江南北、农村城市，抑或雅俗贵贱、穷达贫富，在喜气盈门的春节里，都不能没有春联的表达与塑造！

我社出版的『春联挥毫必备』系列，集名家名帖之字，成行气贯通之联。一家一帖集成一书，其内容又以类相从编排，不仅从形式到内容上有力地保证了全书的一致性与连贯性，更便于读者有针对性地、分门别类地欣赏、临摹、创作之用。可以说，一编握手中，一切纳眼底，从书法的字体书体，到文字的各种情感表达，及隐藏其后的对生活的深刻理解与美好祈向，都能在本书中找到满意的答案。

上海书画出版社

目录

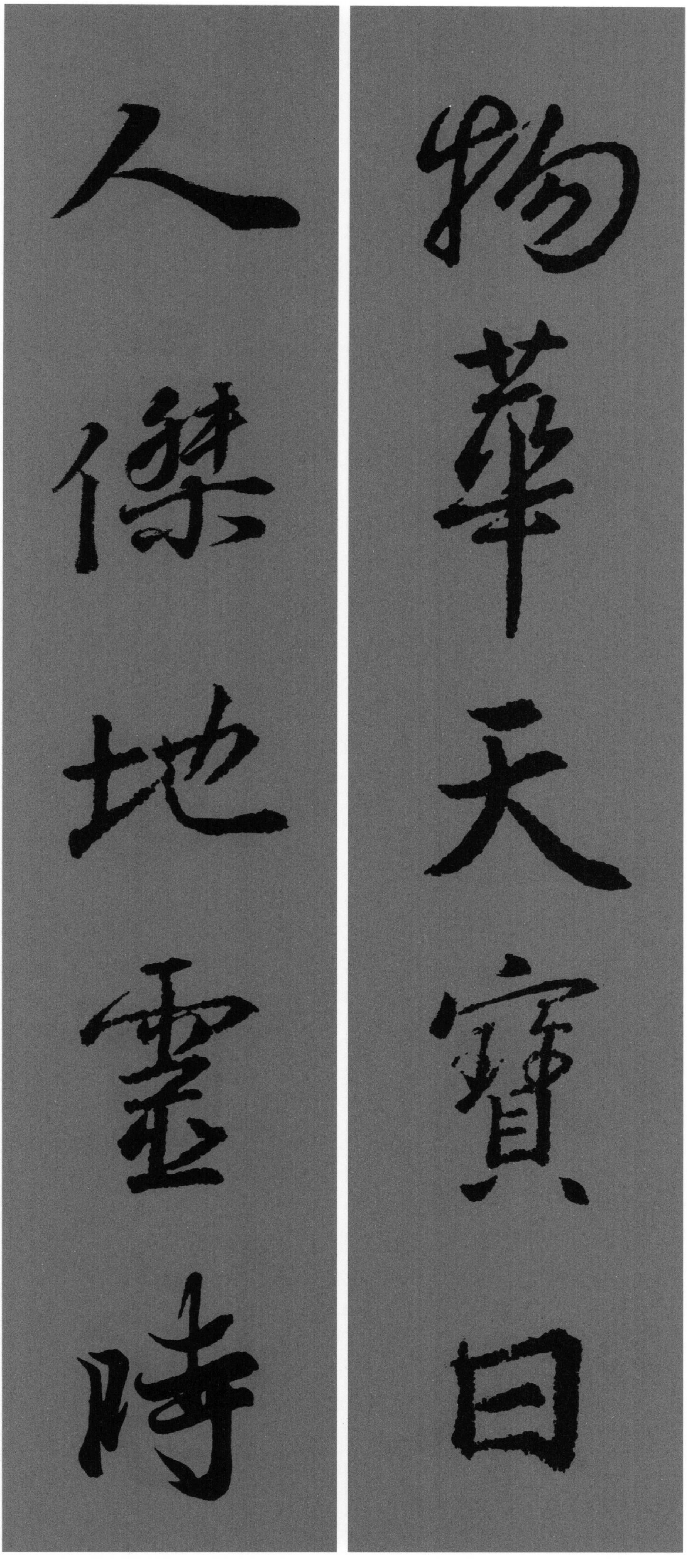

上联一物华天宝日
下联一人杰地灵时

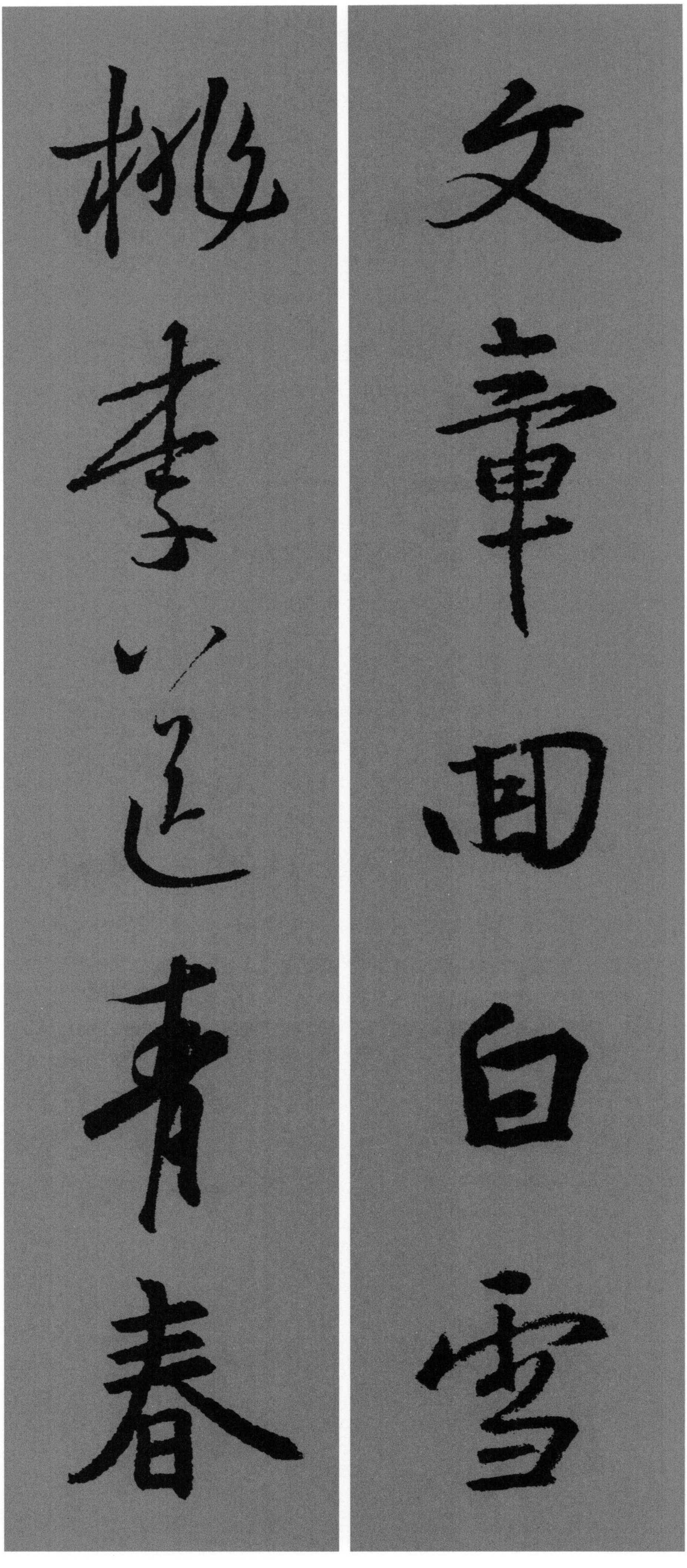

上联｜文章回白雪
下联｜桃李送青春

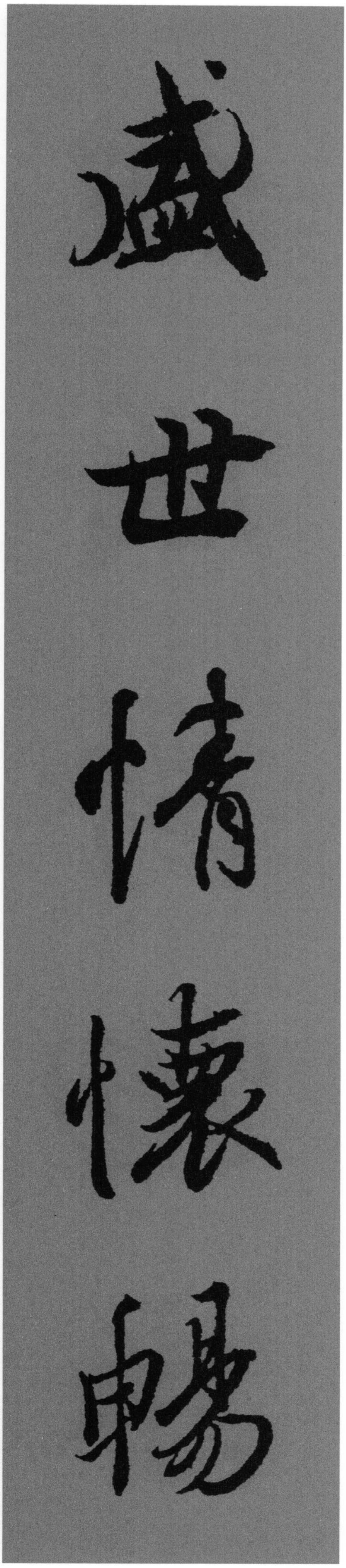

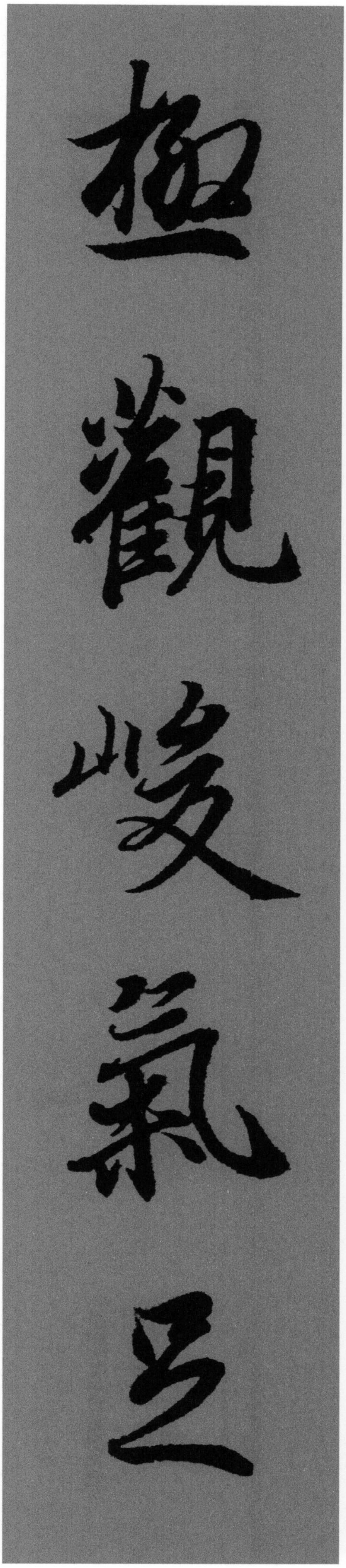

上联 — 盛世情怀畅
下联 — 极观峻气足

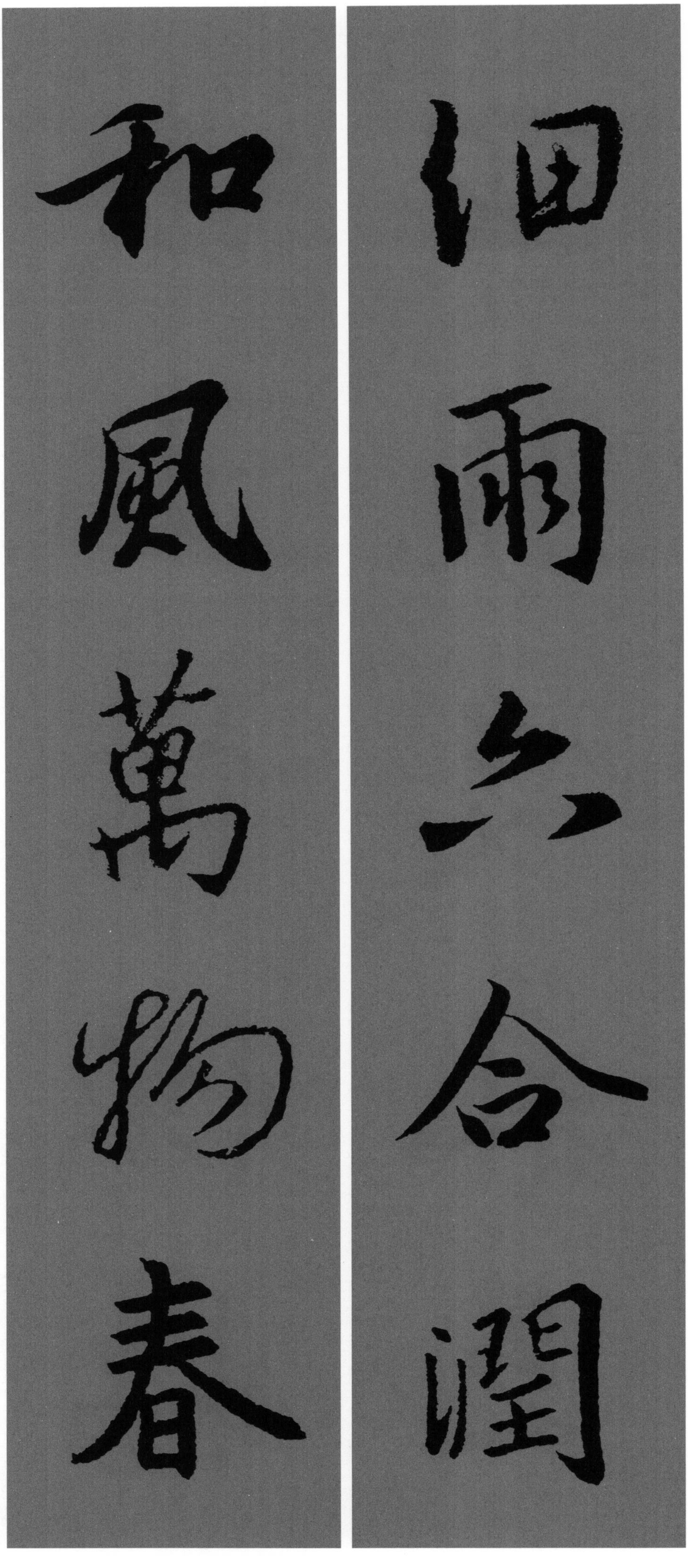

上联—细雨六合润
下联—和风万物春

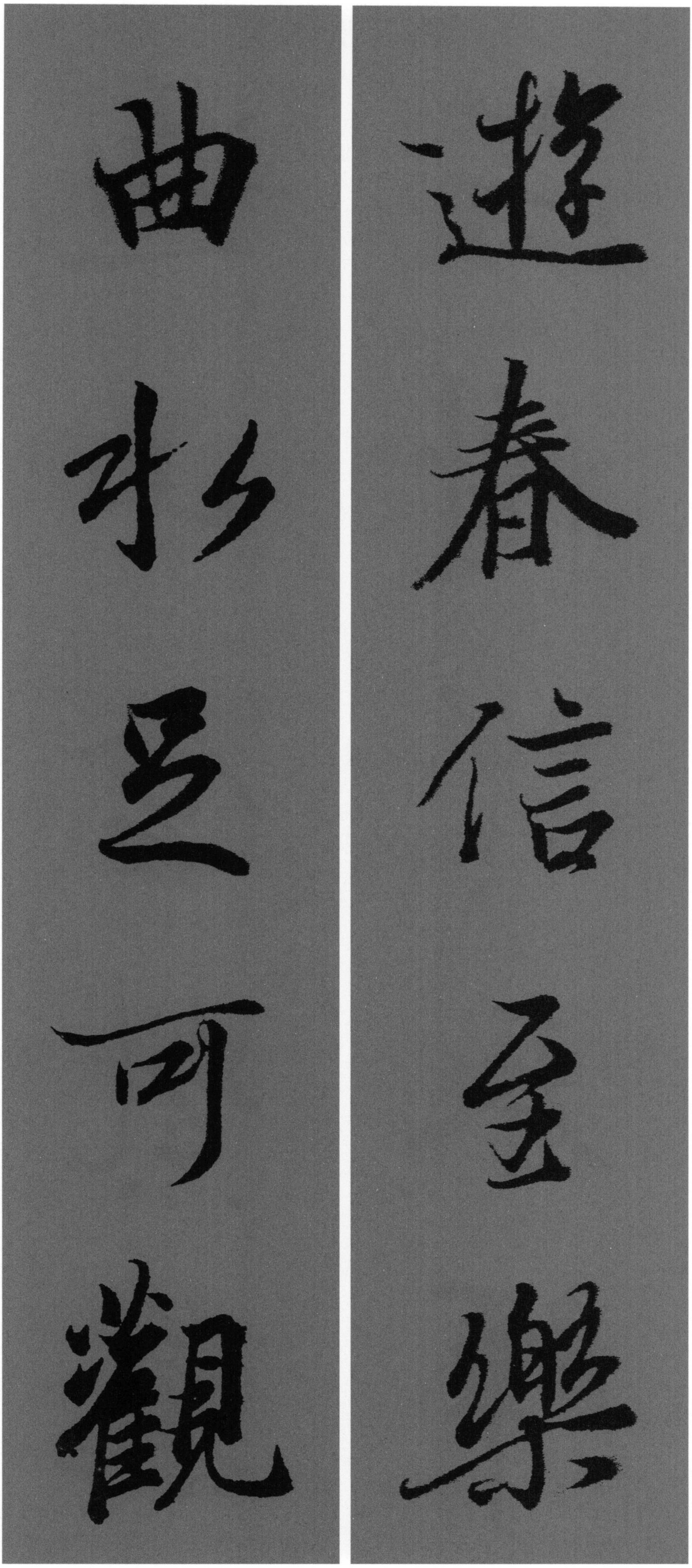

上联— 游春信至乐
下联— 曲水足可观

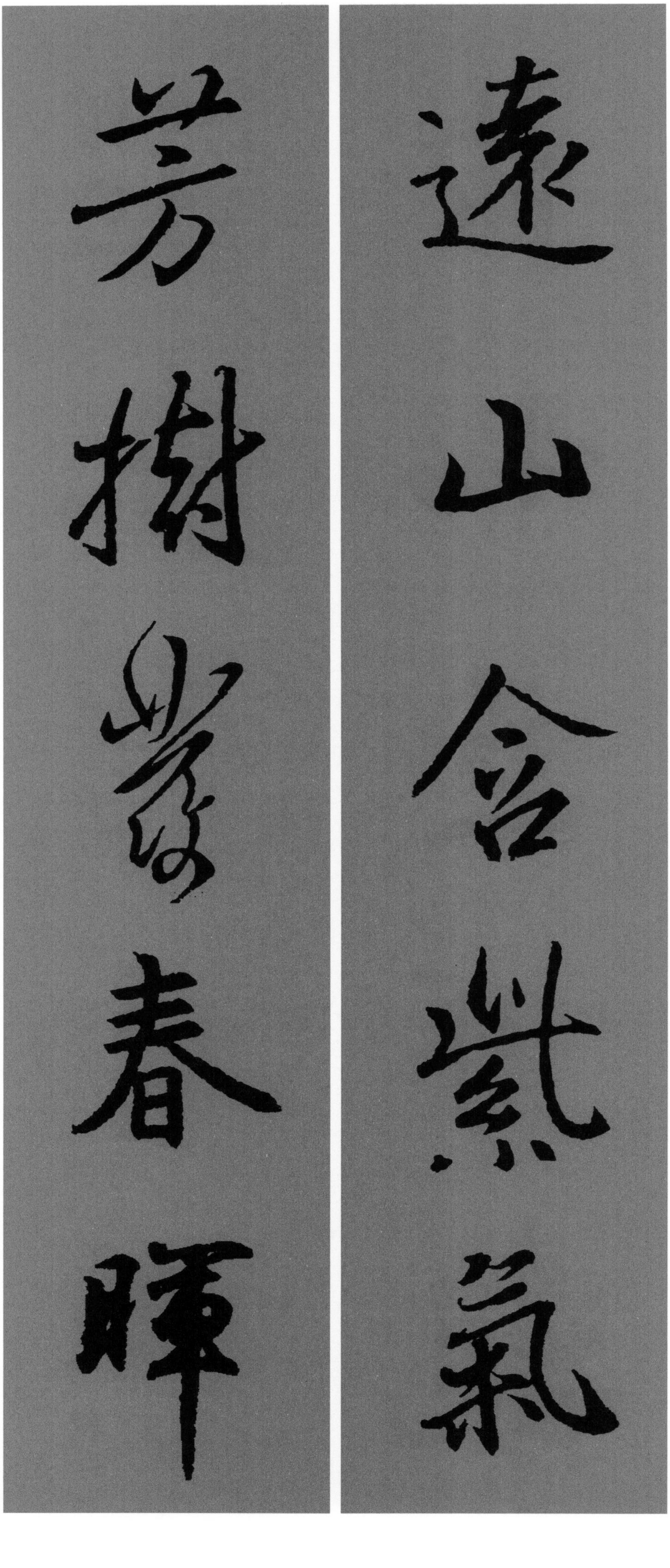

上联—远山含紫气
下联—芳树发春晖

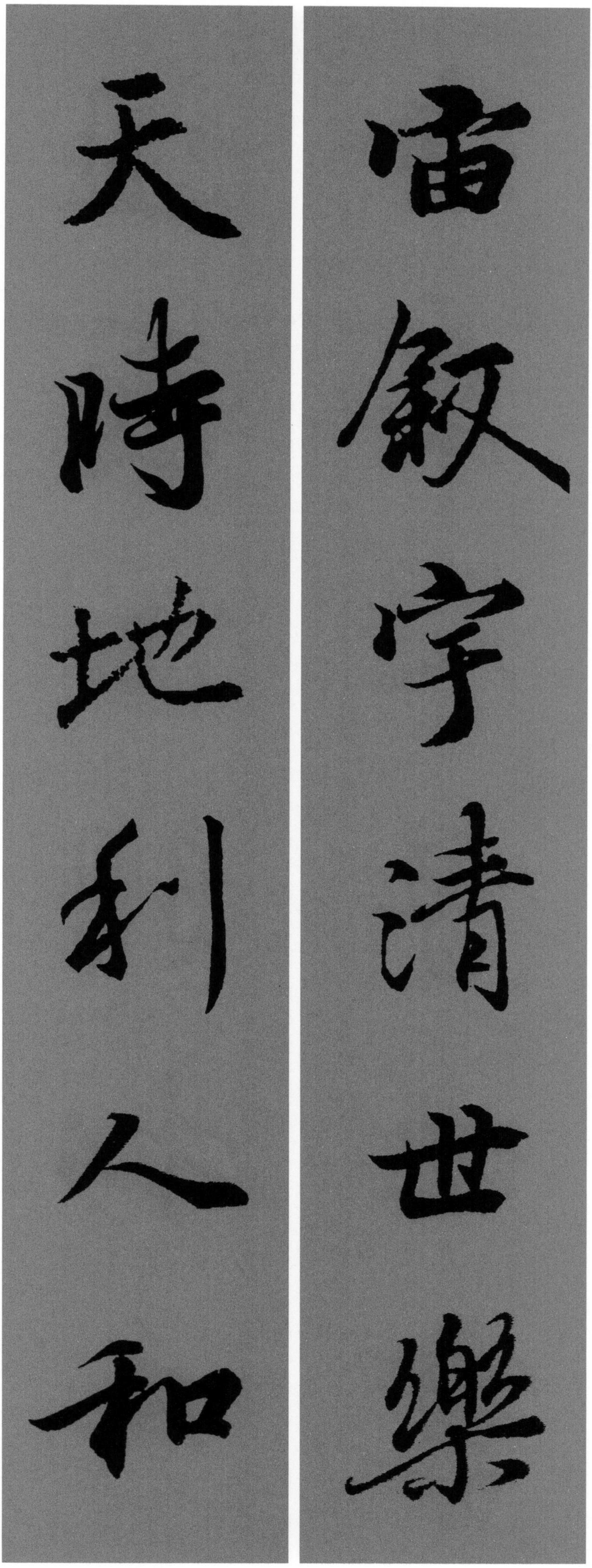
宙敘宇清世樂
天時地利人和

上联 — 宙叙宇清世乐
下联 — 天时地利人和

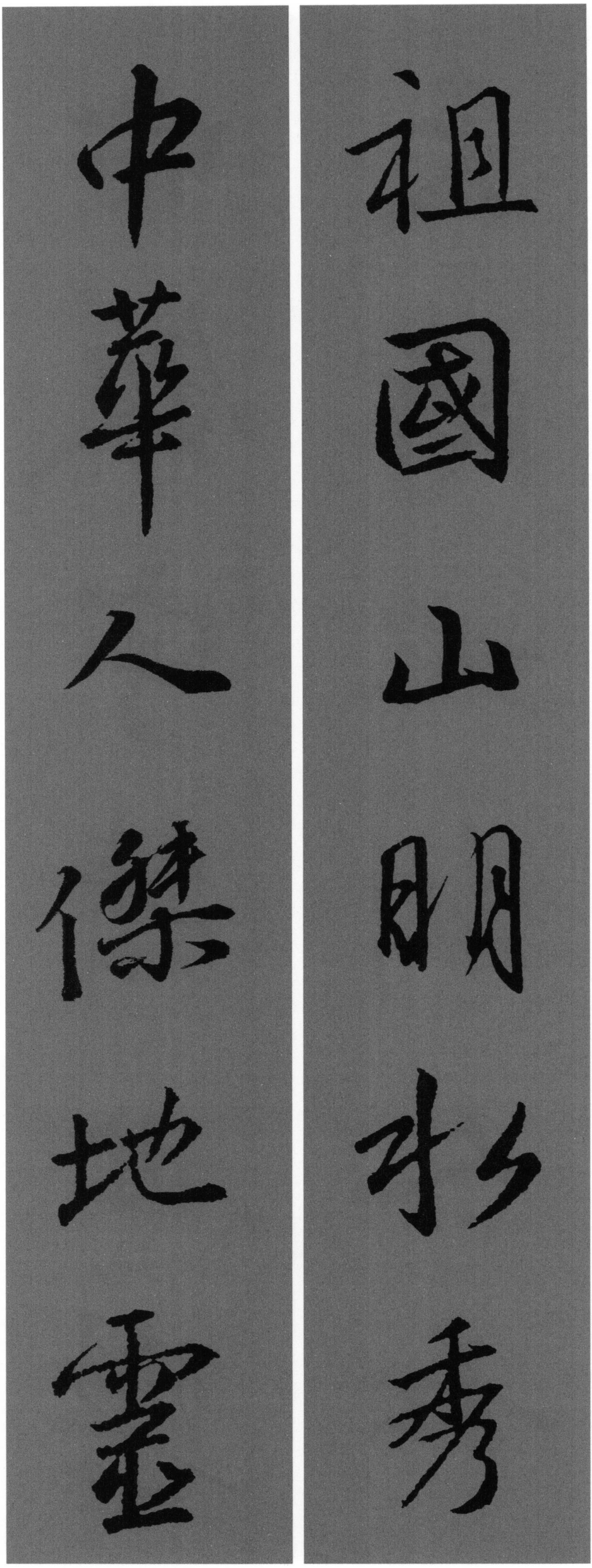
祖國山明水秀
中華人傑地靈

上联—祖国山明水秀
下联—中华人杰地灵

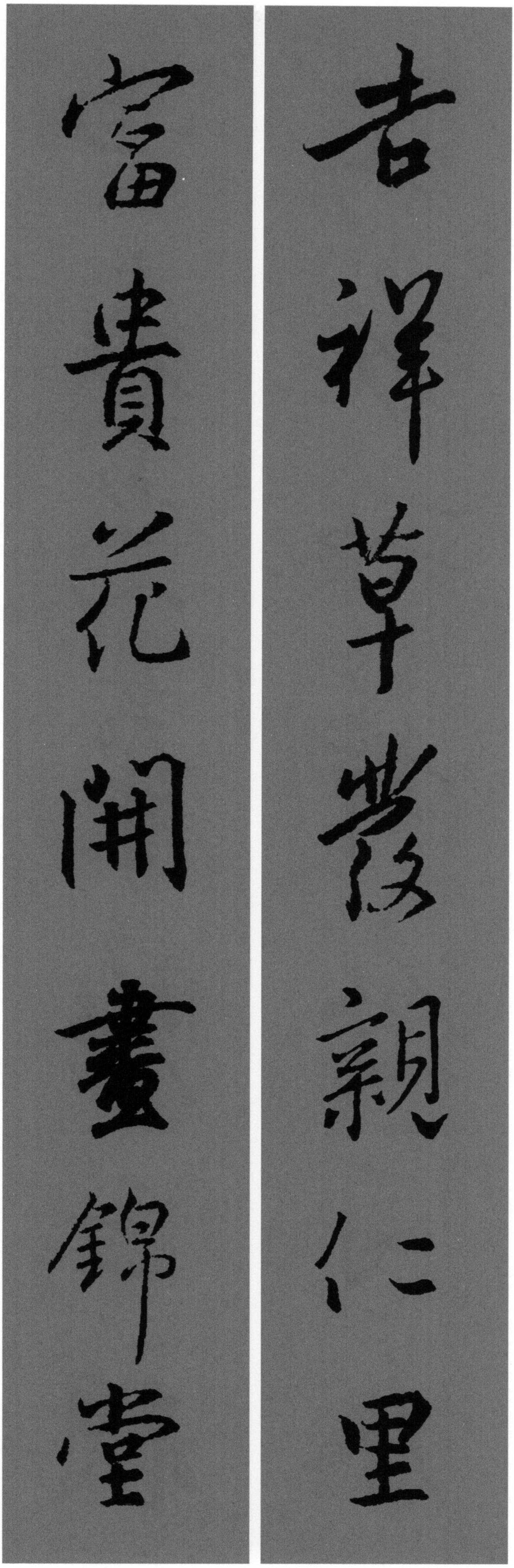
吉祥草發親仁里
富貴花開畫錦堂

上联—吉祥草发亲仁里
下联—富贵花开画锦堂

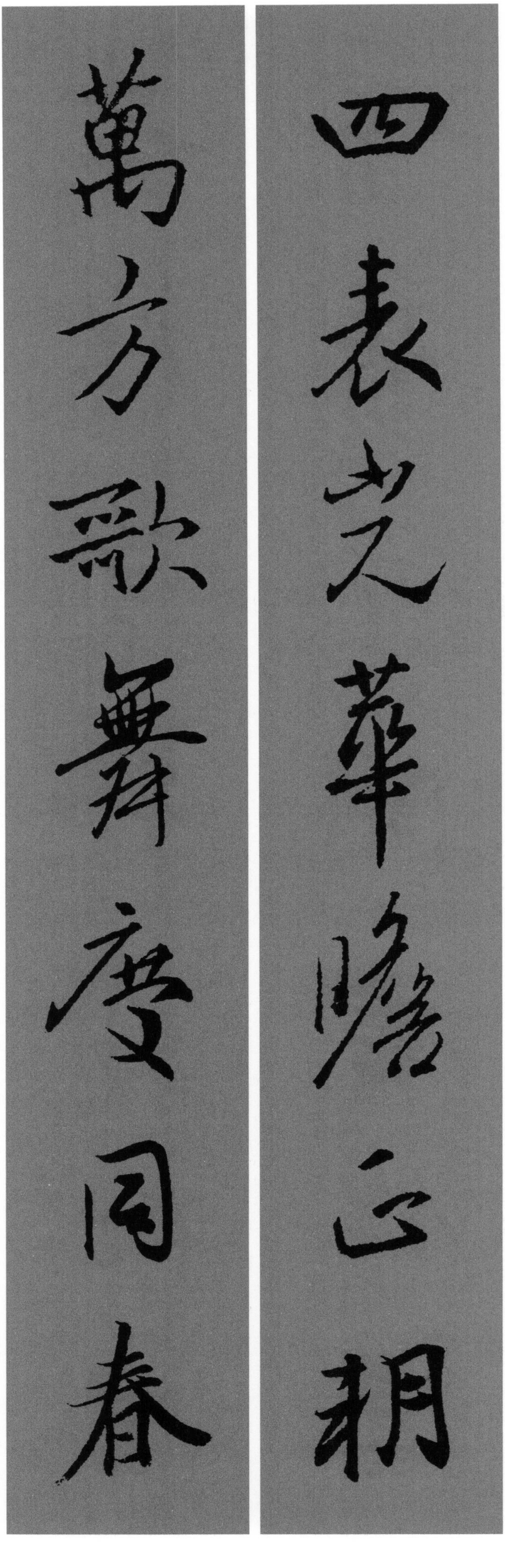
四表光華瞻正朔
萬方歌舞慶同春

上联　四表光华瞻正朔
下联　万方歌舞庆同春

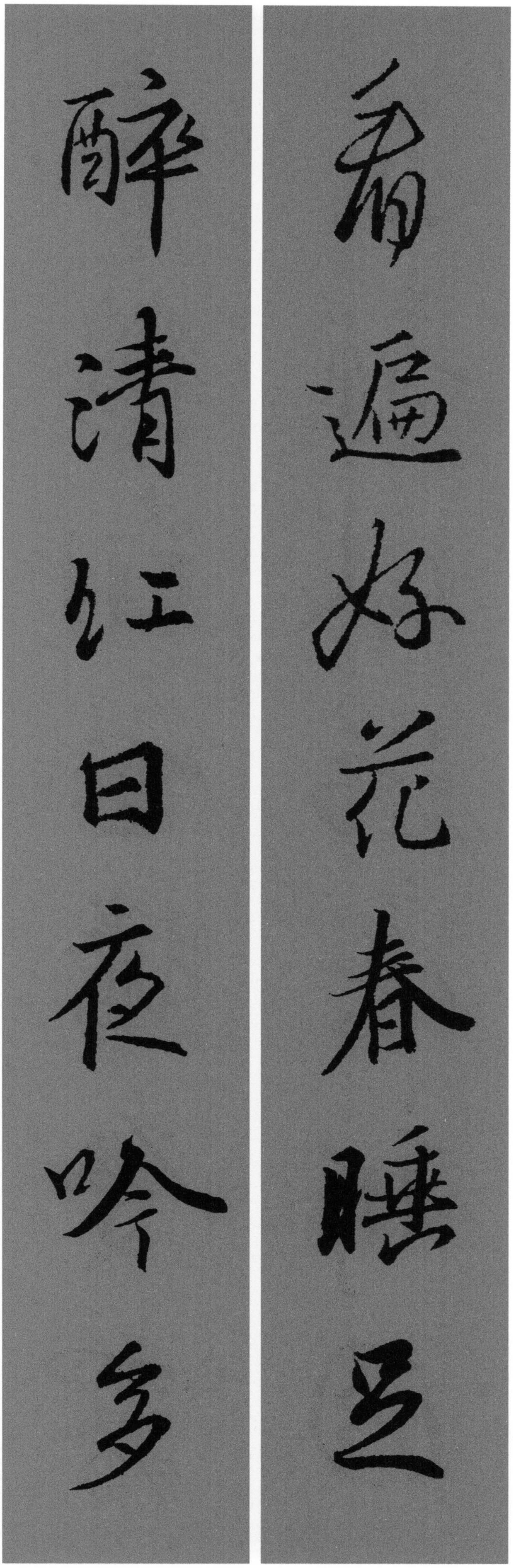

上联—看遍好花春睡足
下联—醉清红日夜吟多

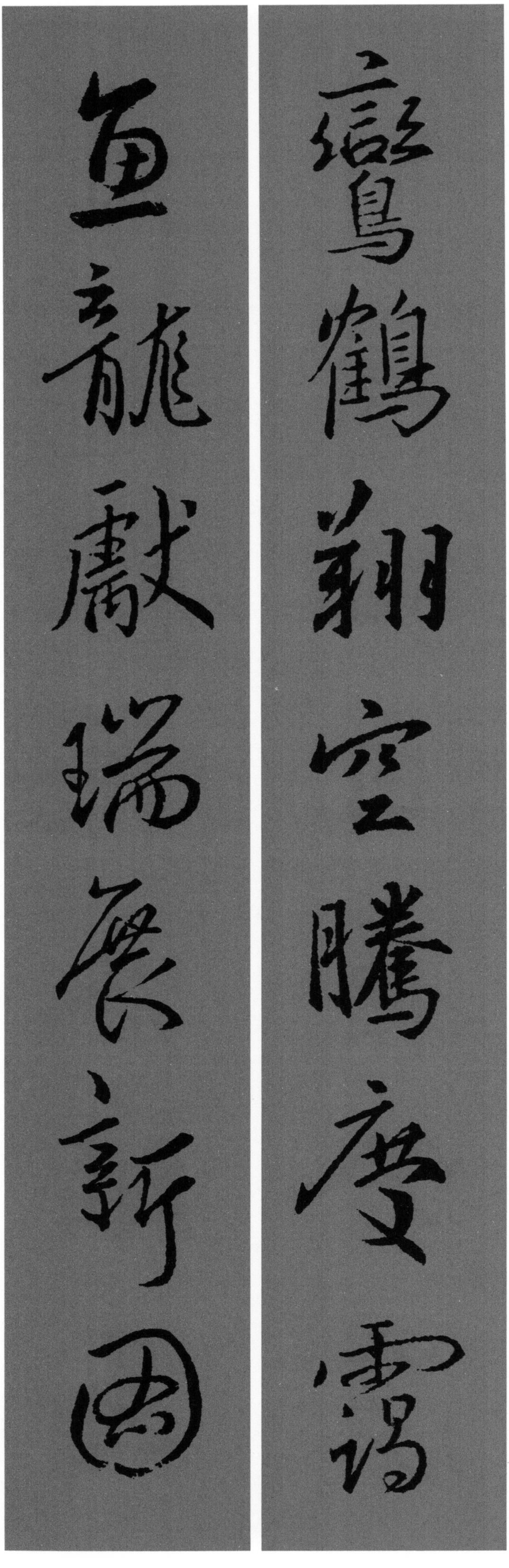
鸞鶴翔空騰慶靄
魚龍獻瑞展新圖

上联—鸾鹤翔空腾庆霭
下联—鱼龙献瑞展新图

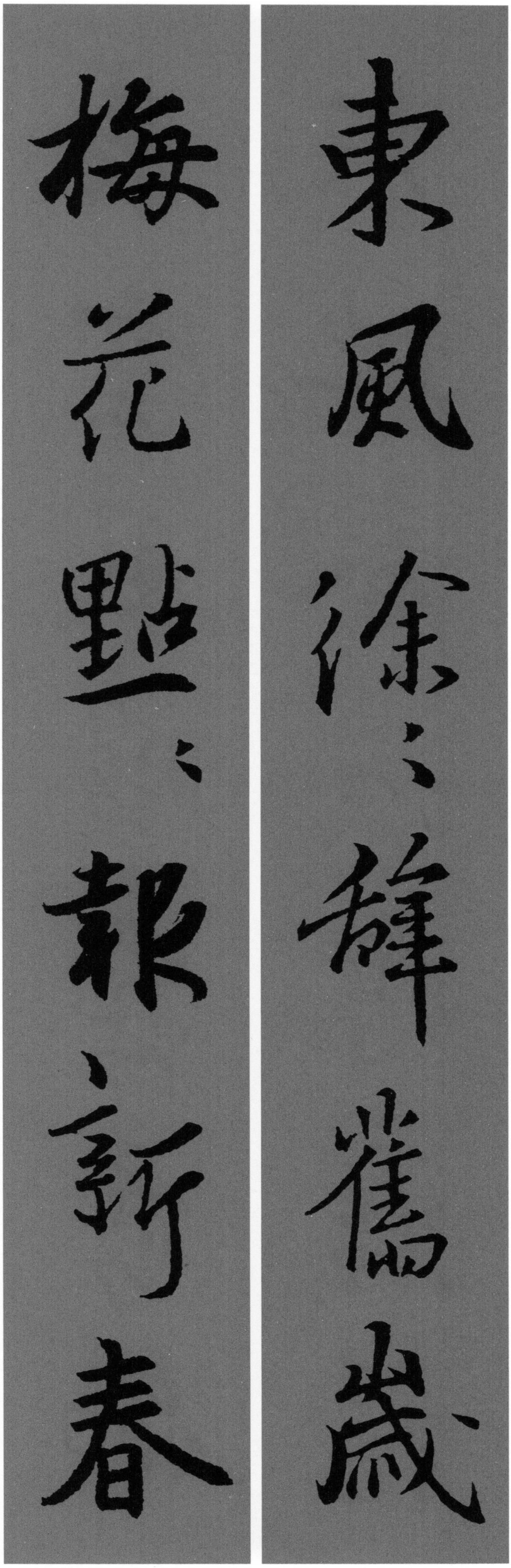
東風徐徐辭舊歲
梅花點點報新春

上联—东风徐徐辞旧岁
下联—梅花点点报新春

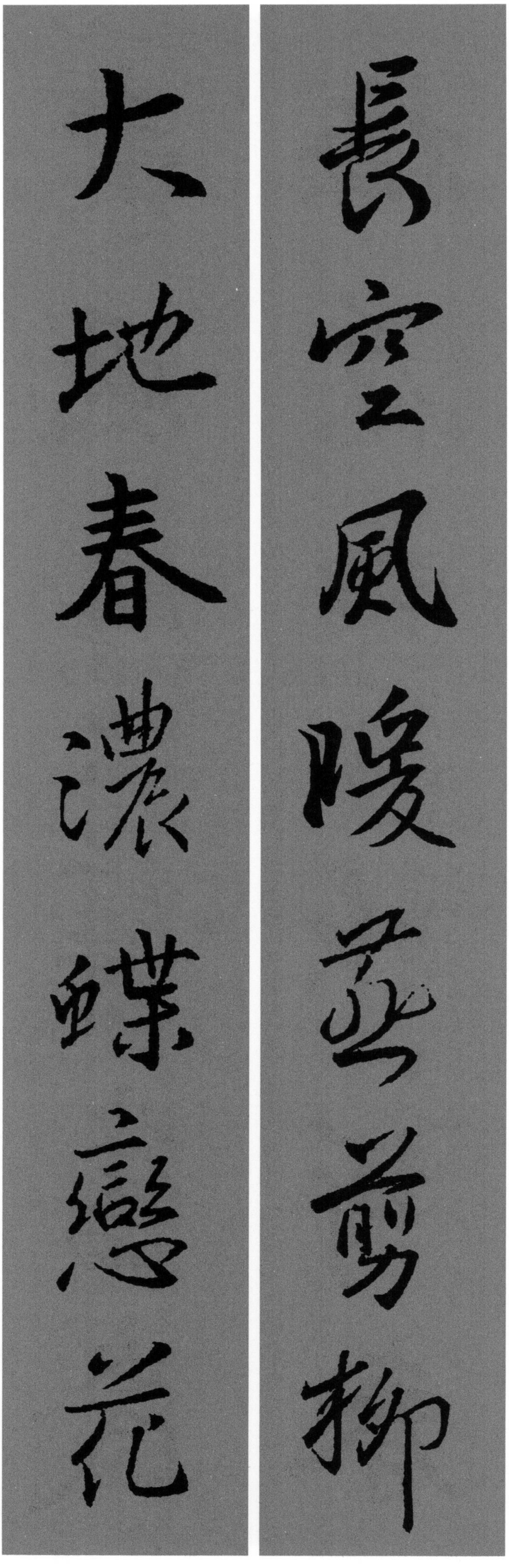
長空風暖燕剪柳
大地春濃蝶戀花

上联 长空风暖燕剪柳
下联 大地春浓蝶恋花

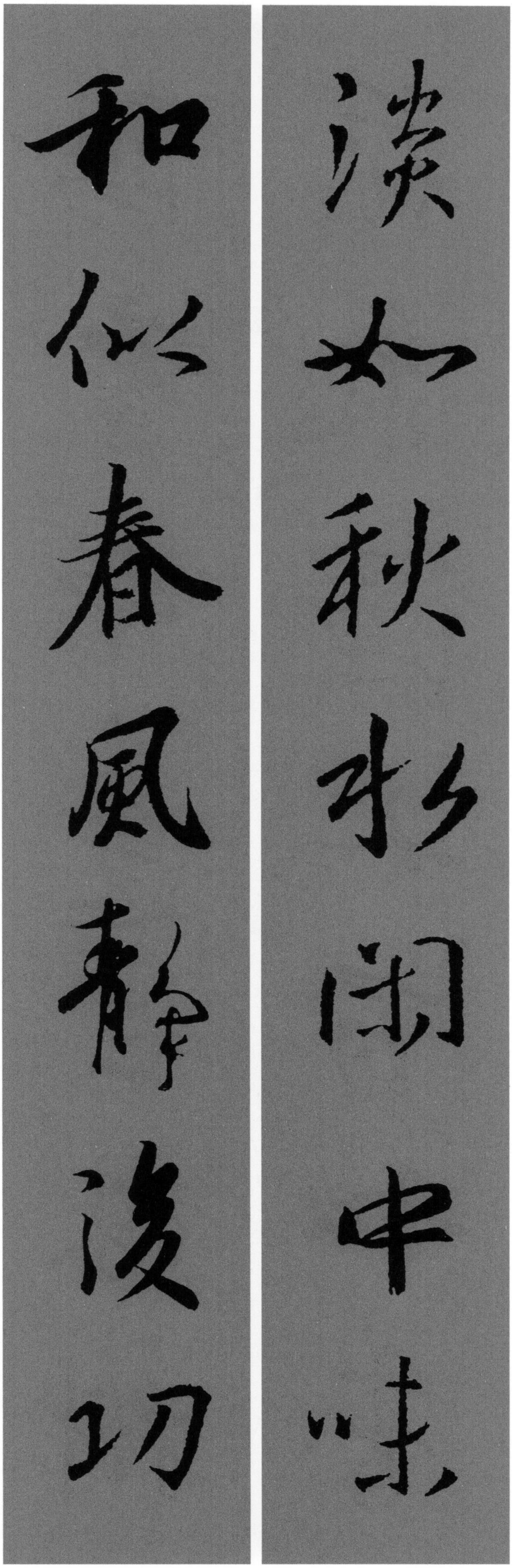
淡如秋水閑中味
和似春風靜後功

上联一淡如秋水闲中味
下联一和似春风静后功

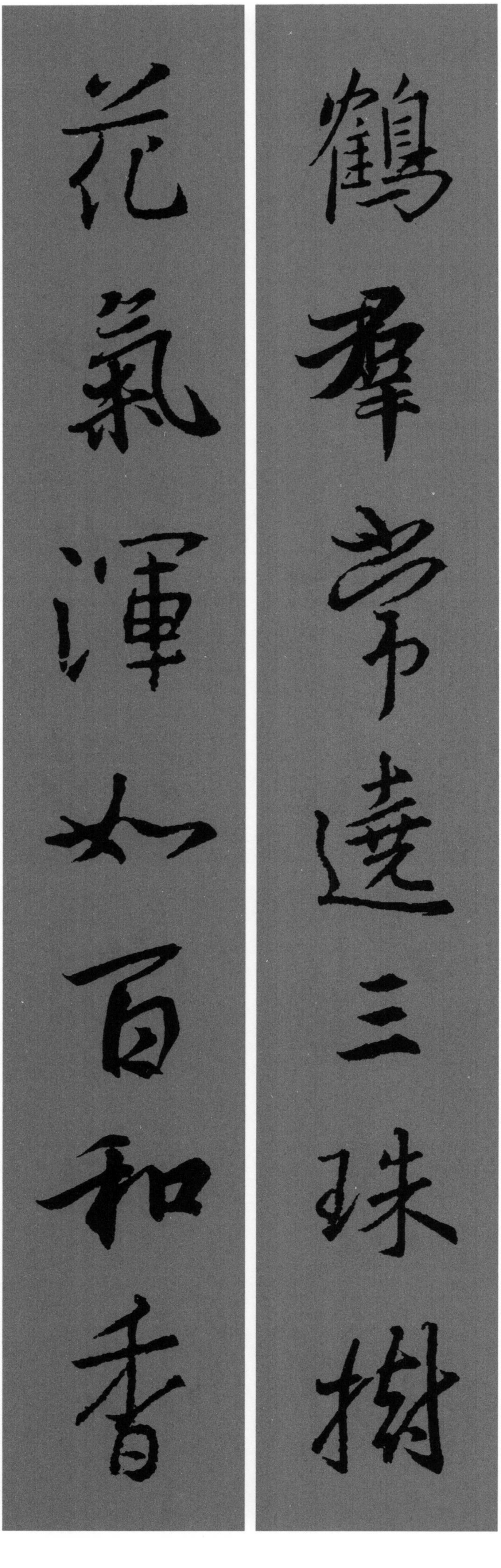
鶴羣常遶三珠樹
花氣渾如百和香

上联—鹤群常绕三珠树
下联—花气浑如百和香

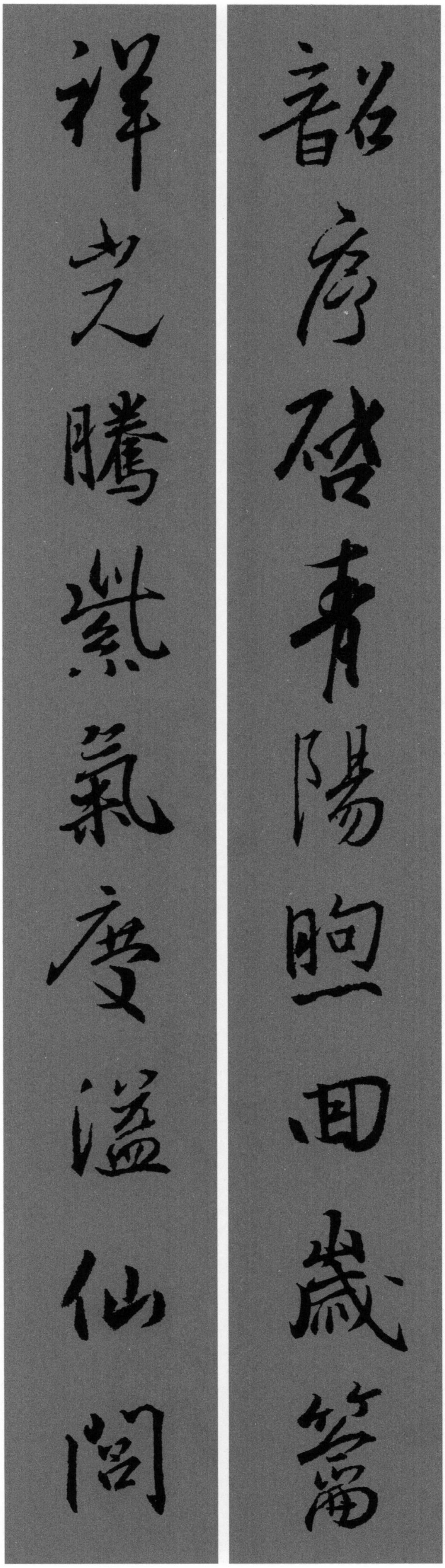
韶序啓青陽煦回歲籥
祥光騰紫氣慶溢仙閭

上联— 韶序启青阳煦回岁籥
下联— 祥光腾紫气庆溢仙闾

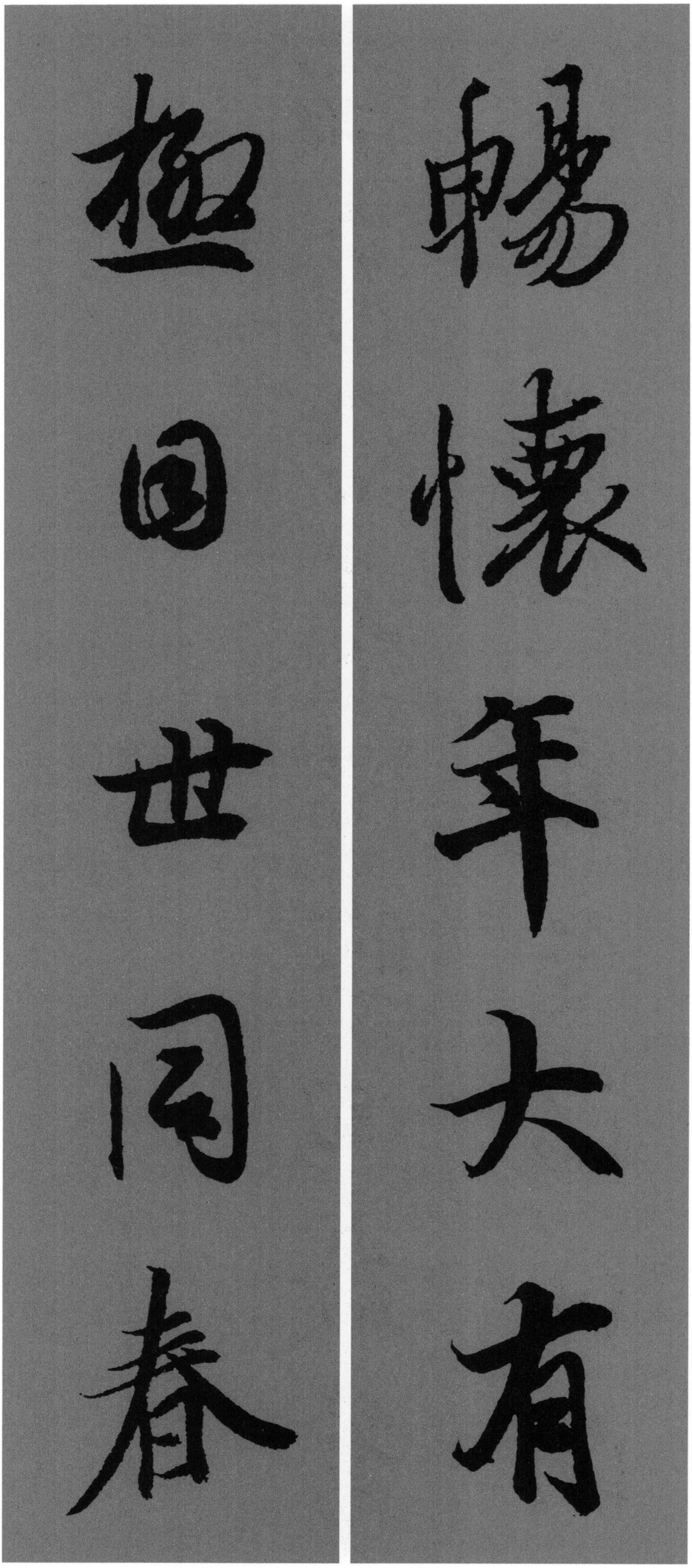

上联—畅怀年大有
下联—极目世同春

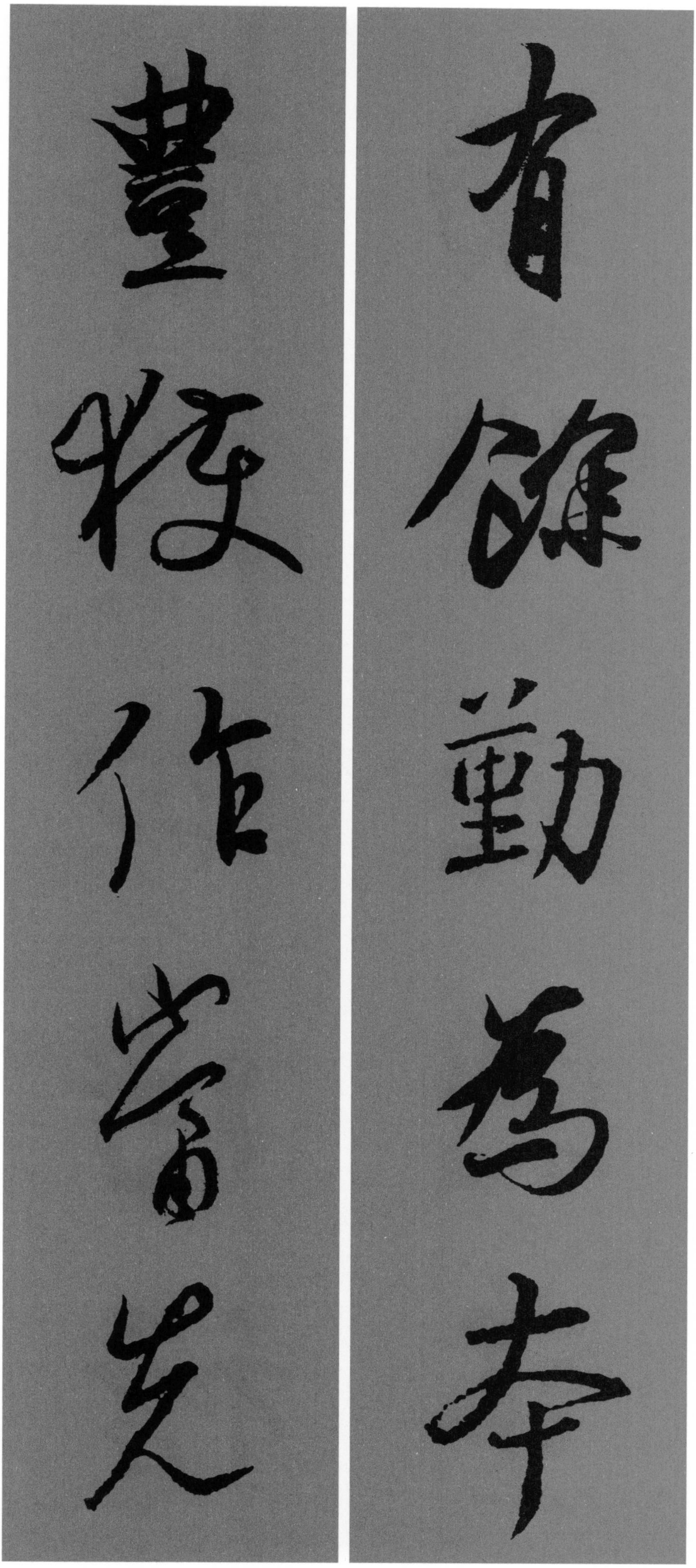

上联 有余勤为本
下联 丰获作当先

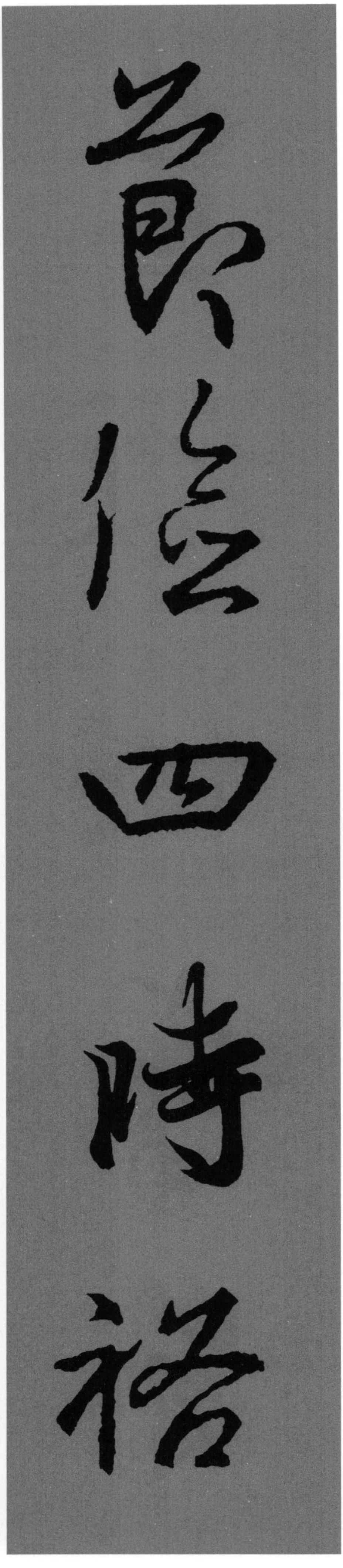

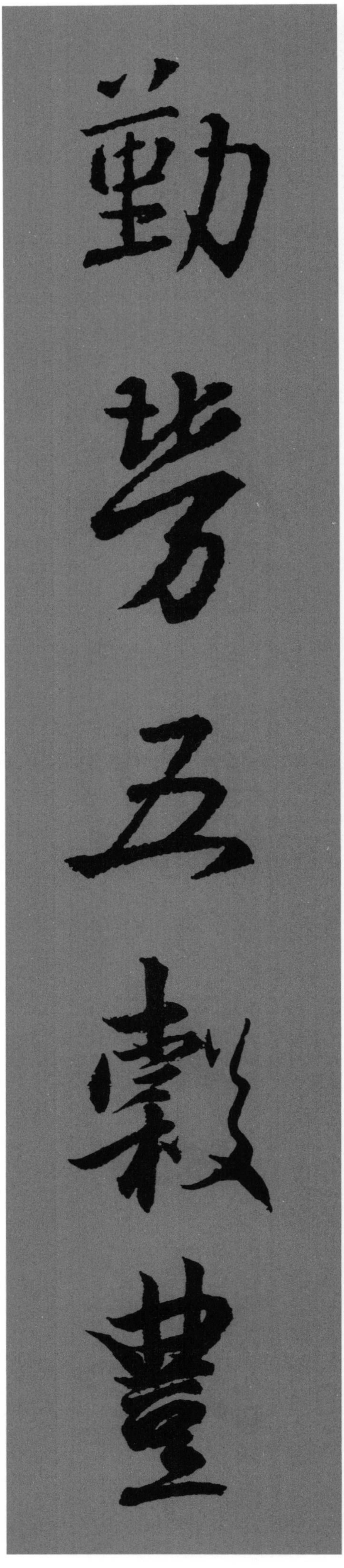

上联—节俭四时裕
下联—勤劳五谷丰

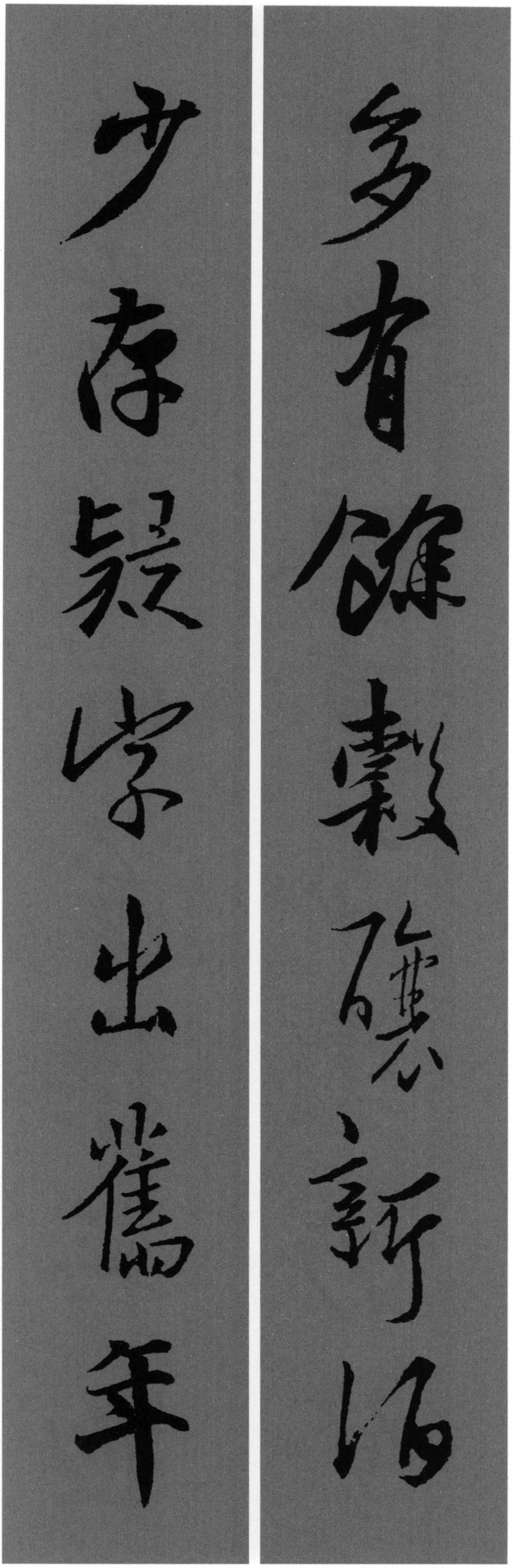

上联——多有余谷酿新酒
下联——少存疑字出旧年

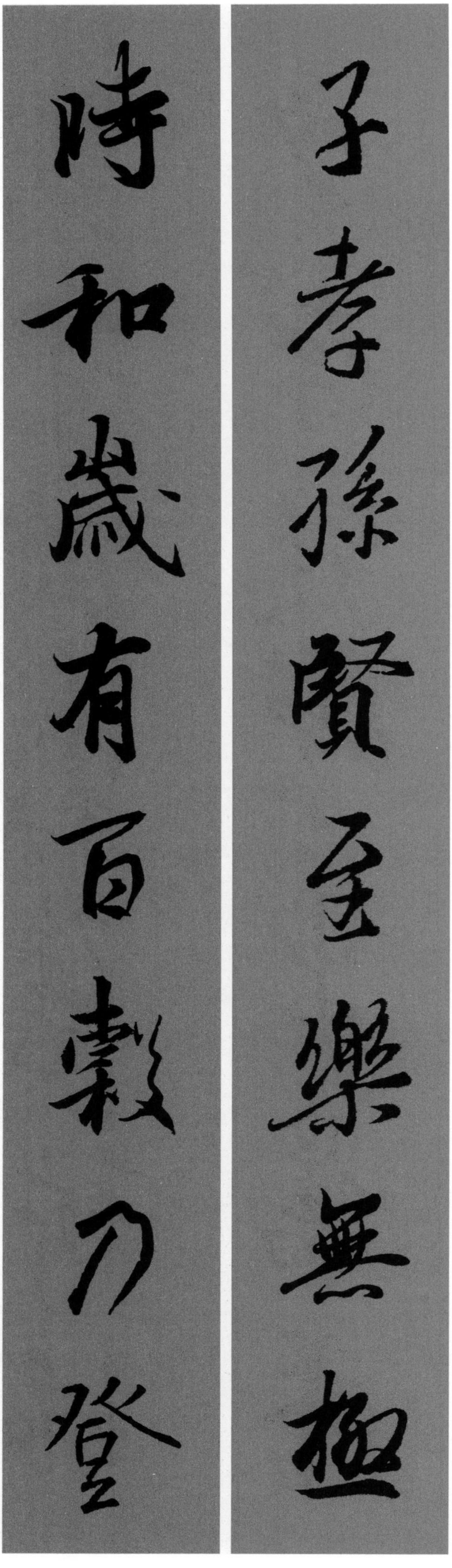
子孝孫賢至樂無極
時和歲有百穀乃登

上联｜子孝孙贤至乐无极
下联｜时和岁有百谷乃登

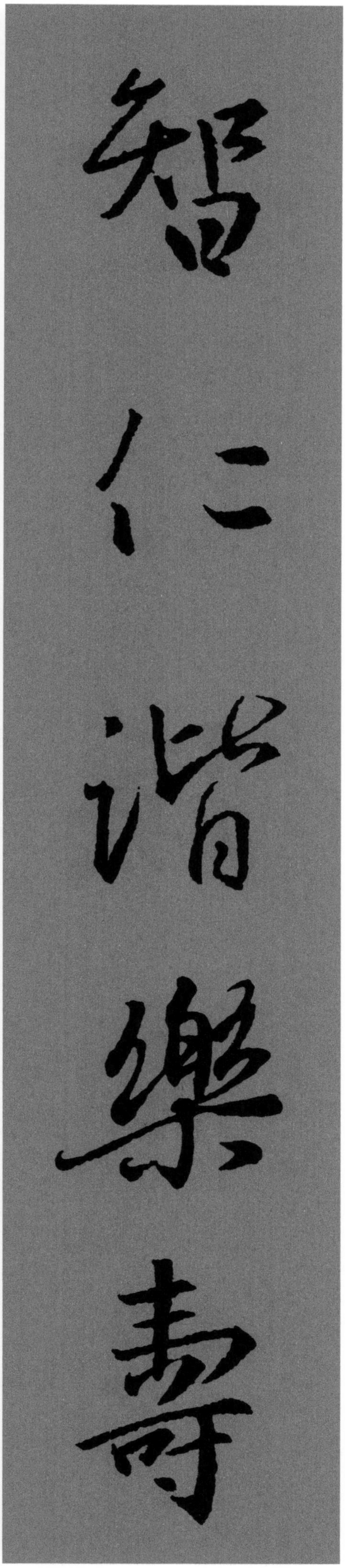

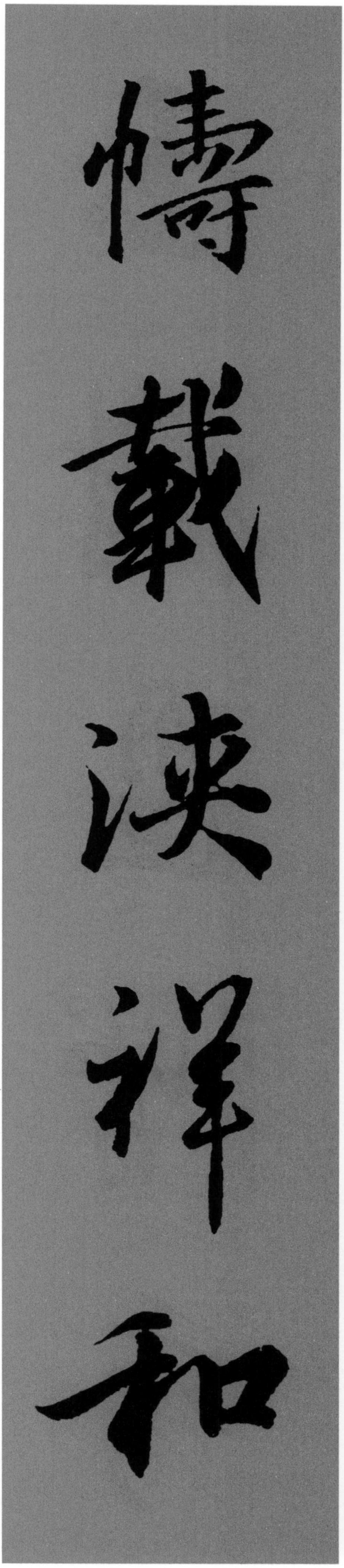

上联—智仁谐乐寿
下联—帱载泱祥和

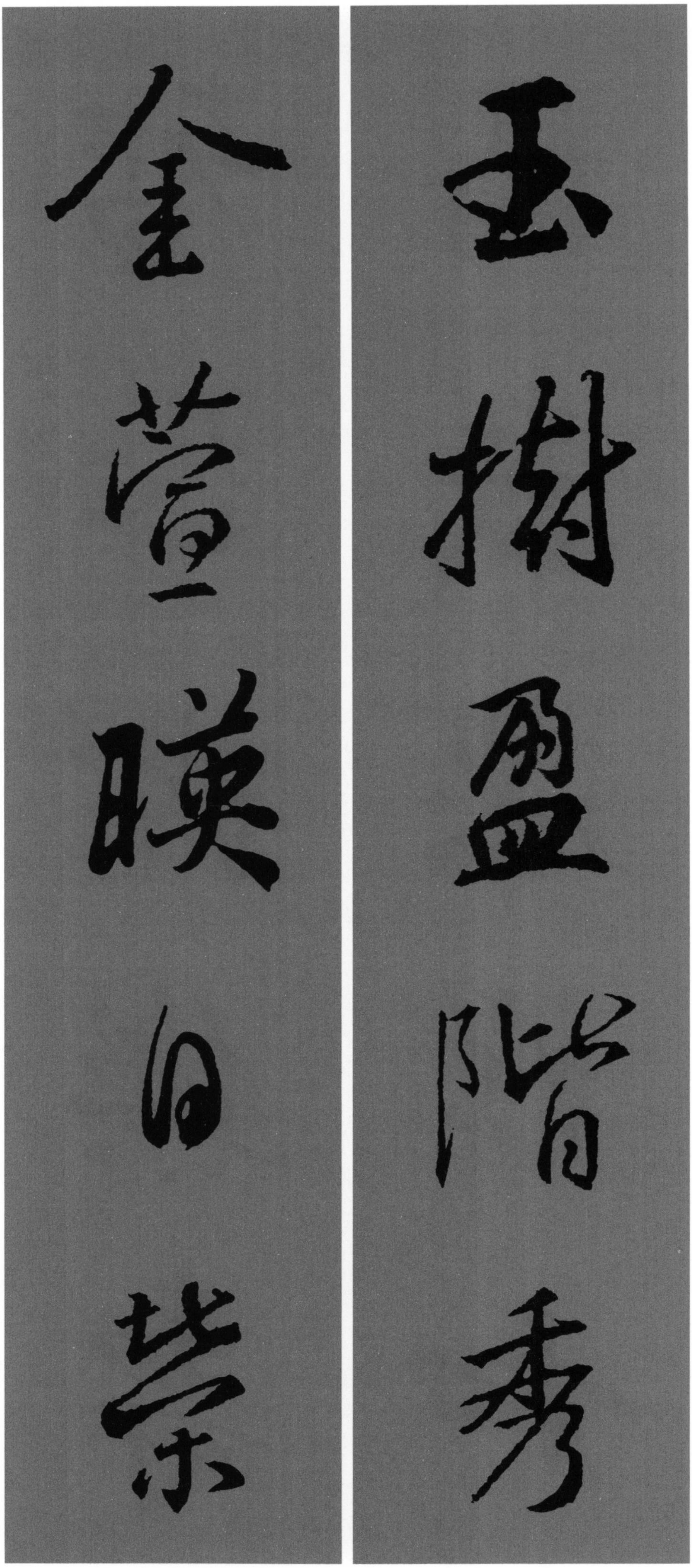

上联 玉树盈阶秀
下联 金萱映日荣

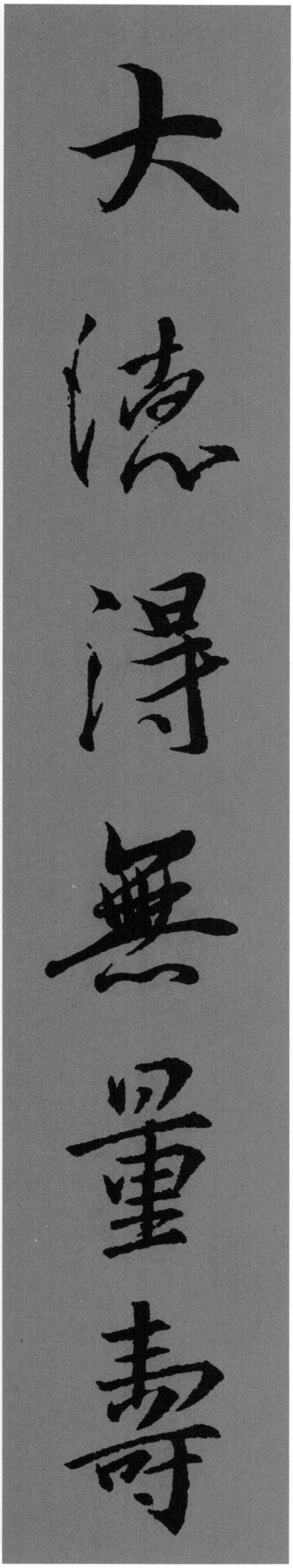
大德得無量壽

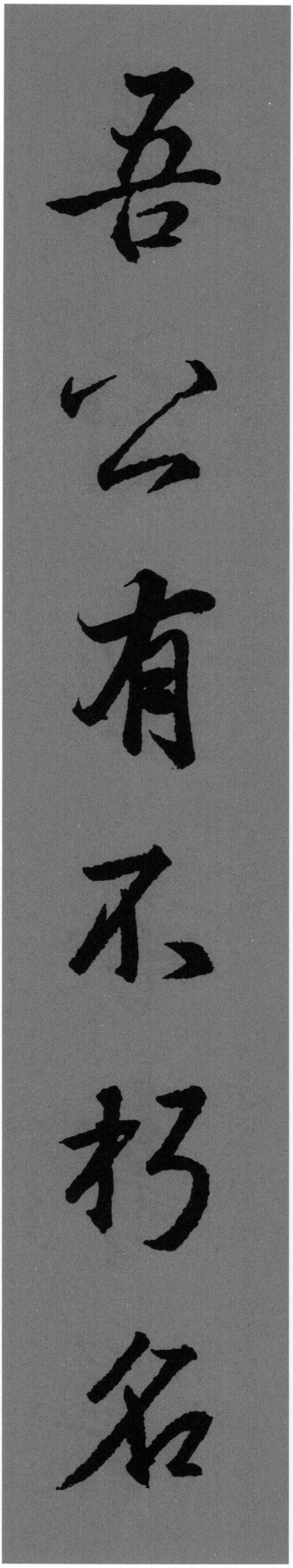
吾公有不朽名

上联 大德得无量寿
下联 吾公有不朽名

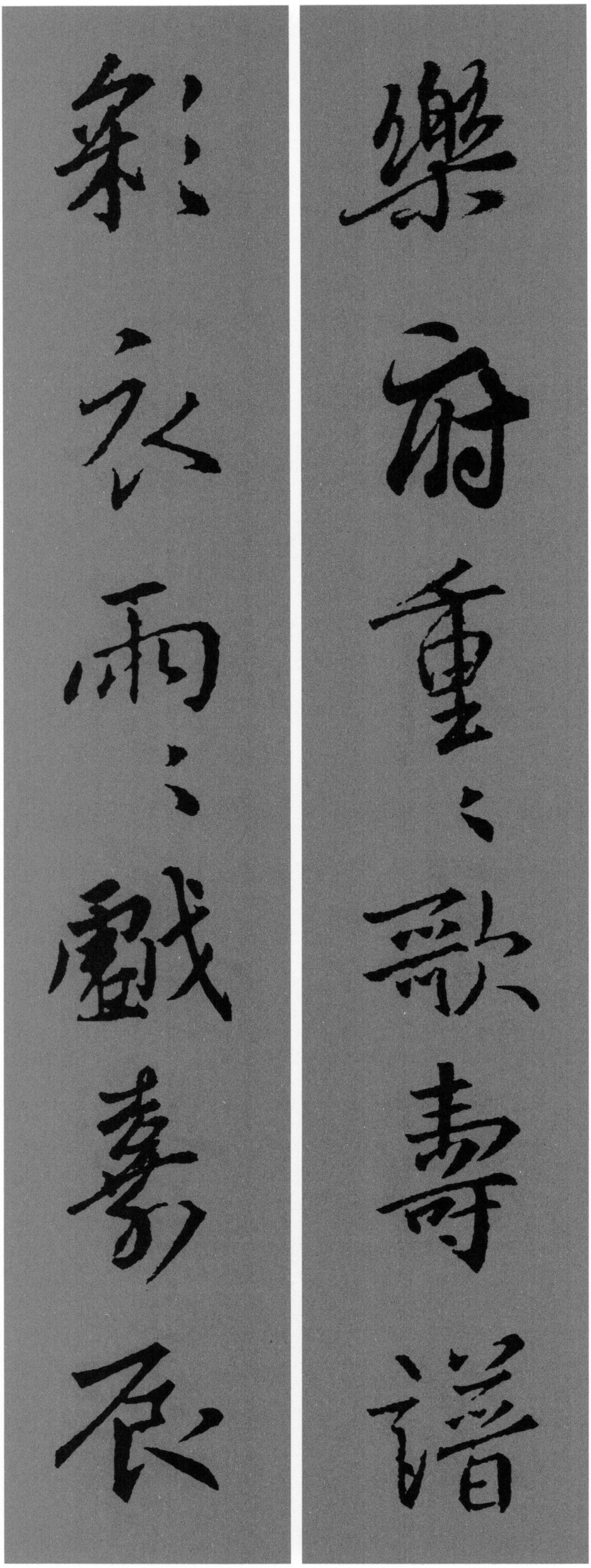
樂府重〻歌壽譜
彩衣兩〻戲嘉辰

上联—乐府重重歌寿谱
下联—彩衣两两戏嘉辰

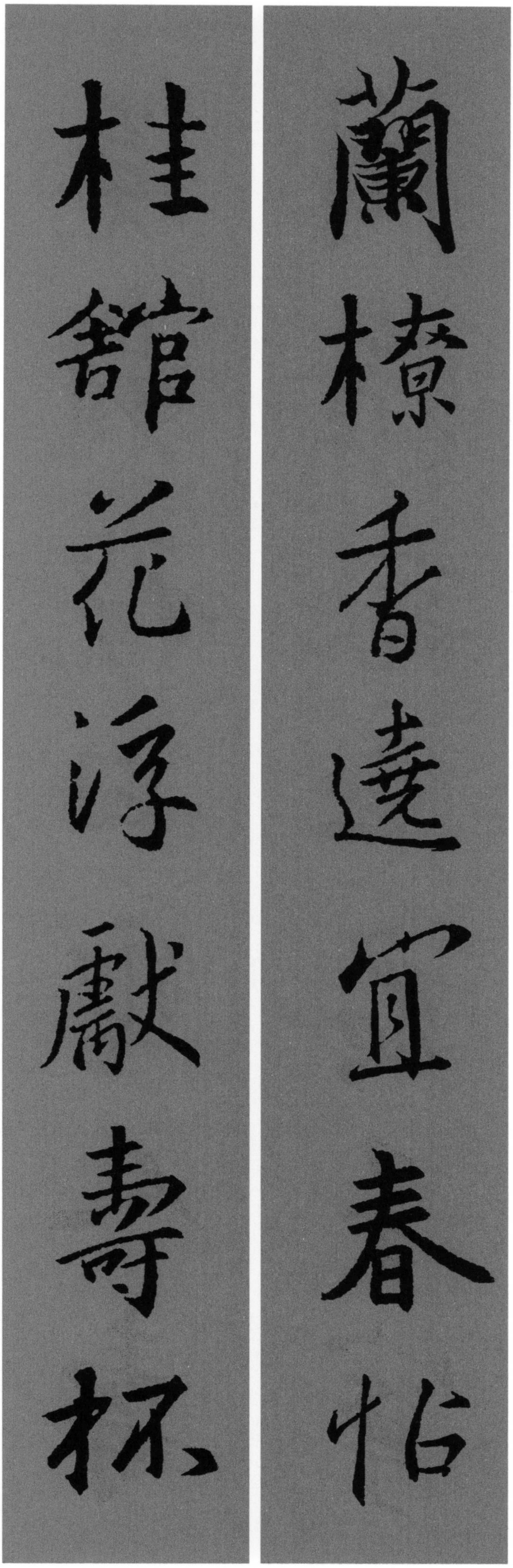
蘭橑香遶宜春帖
桂館花浮獻壽杯

上联—兰橑香绕宜春帖
下联—桂馆花浮献寿杯

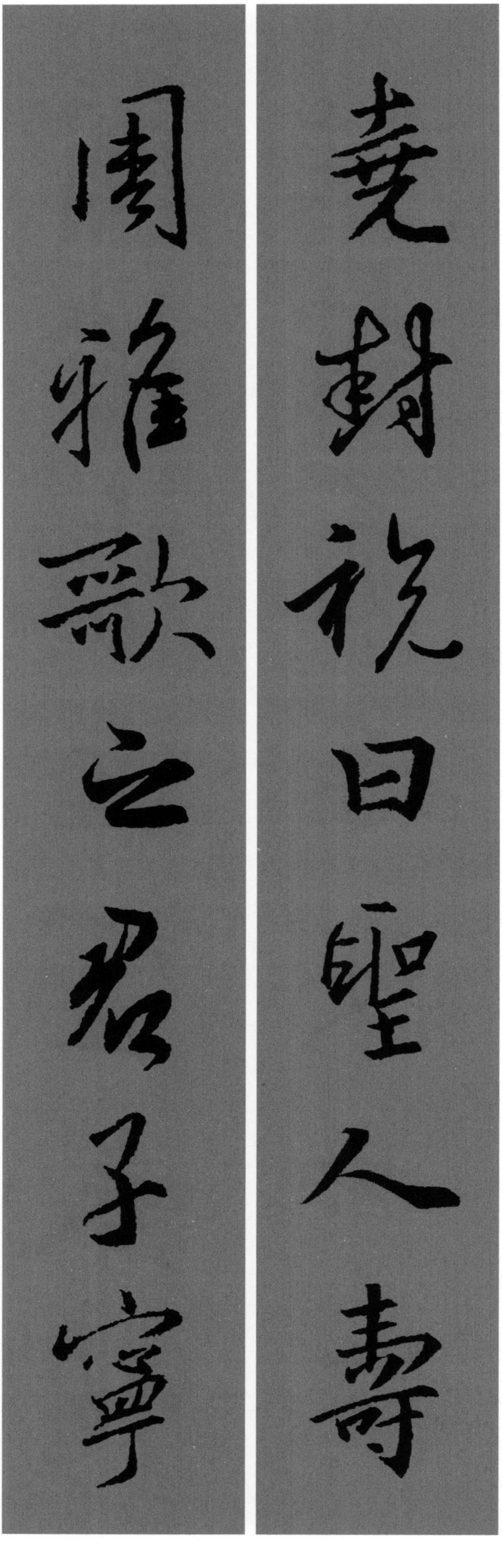
堯封祝曰聖人壽
周雅歌之君子寧

上联—尧封祝曰圣人寿
下联—周雅歌之君子宁

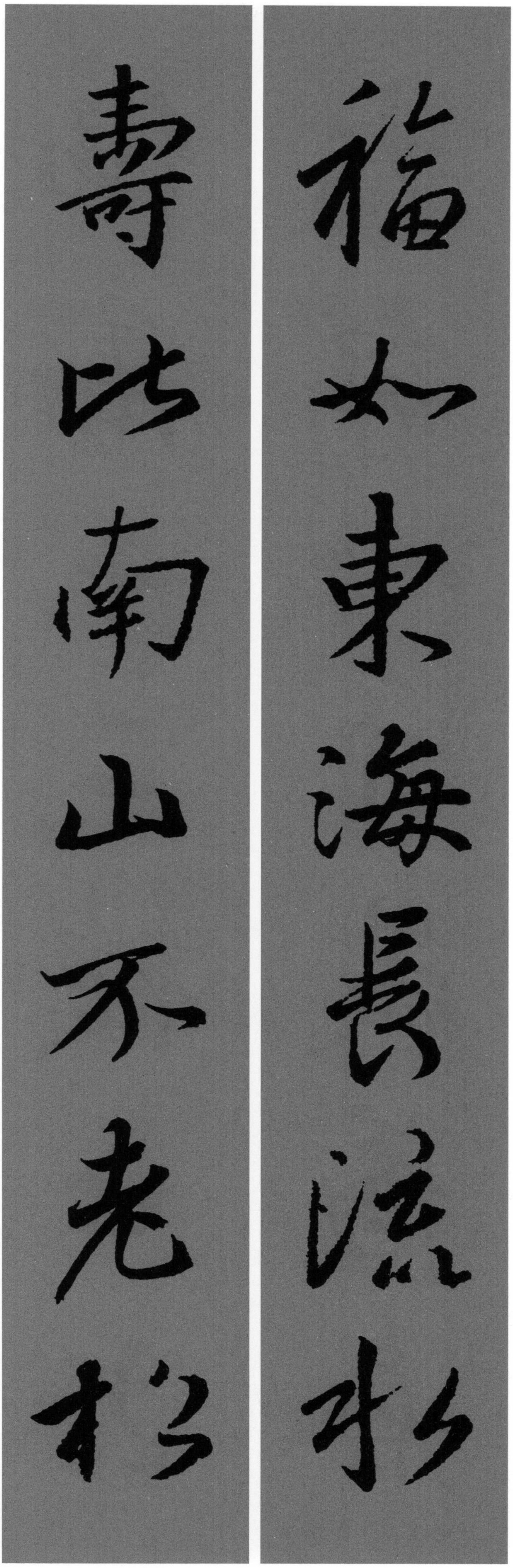
福如東海長流水
壽比南山不老松

上联—福如东海长流水
下联—寿比南山不老松

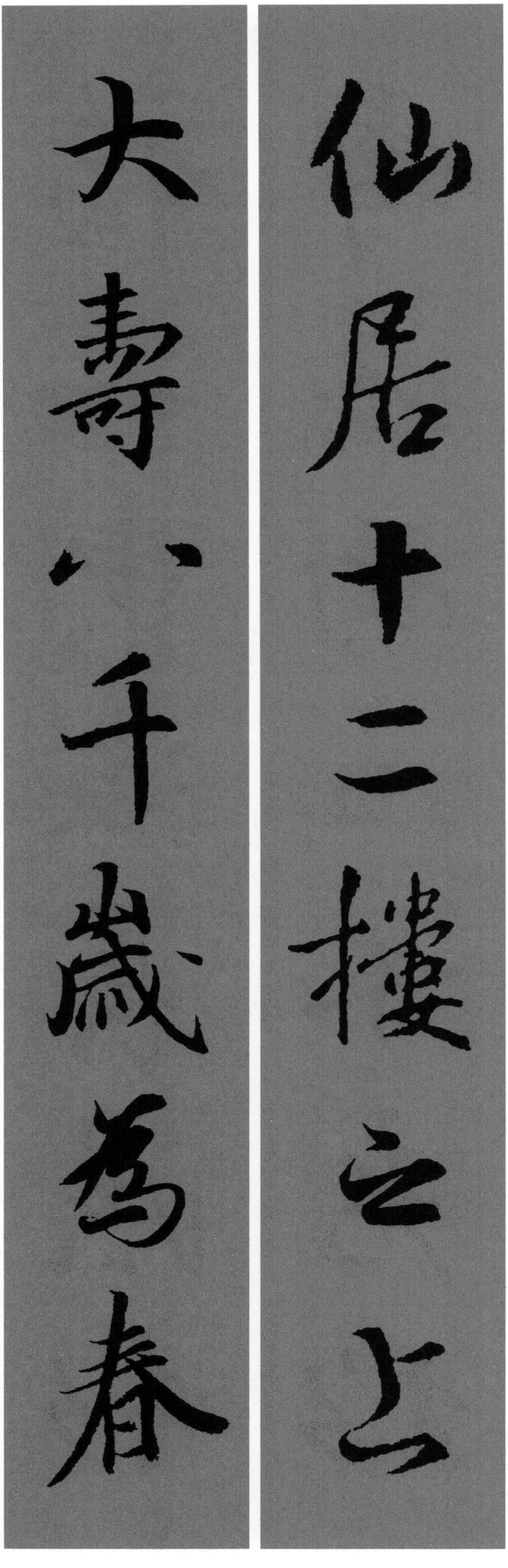
仙居十二樓之上
大壽八千歲爲春

上联：仙居十二楼之上
下联：大寿八千岁为春

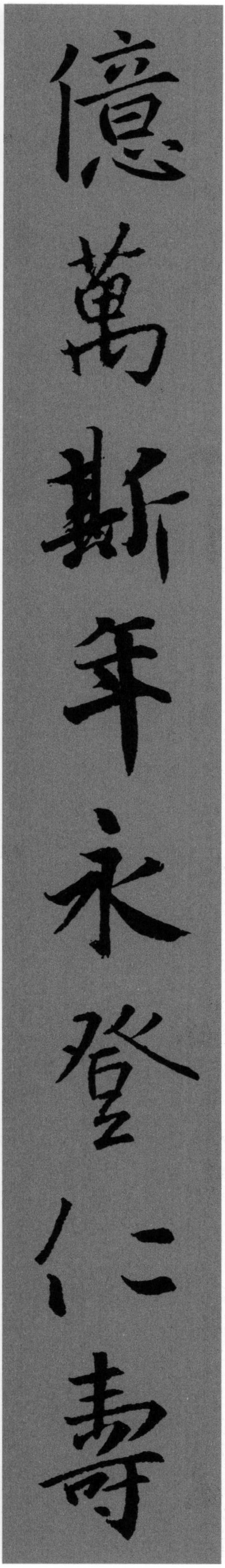
億萬斯年永登仁壽

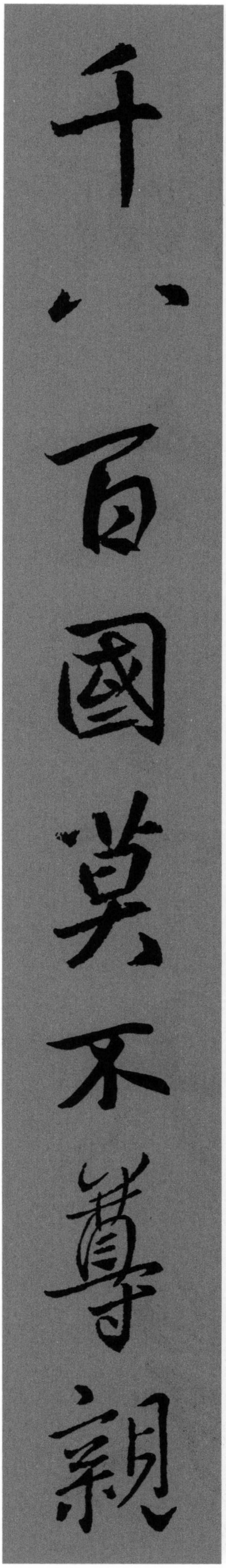
千八百國莫不尊親

上联 | 亿万斯年永登仁寿
下联 | 千八百国莫不尊亲

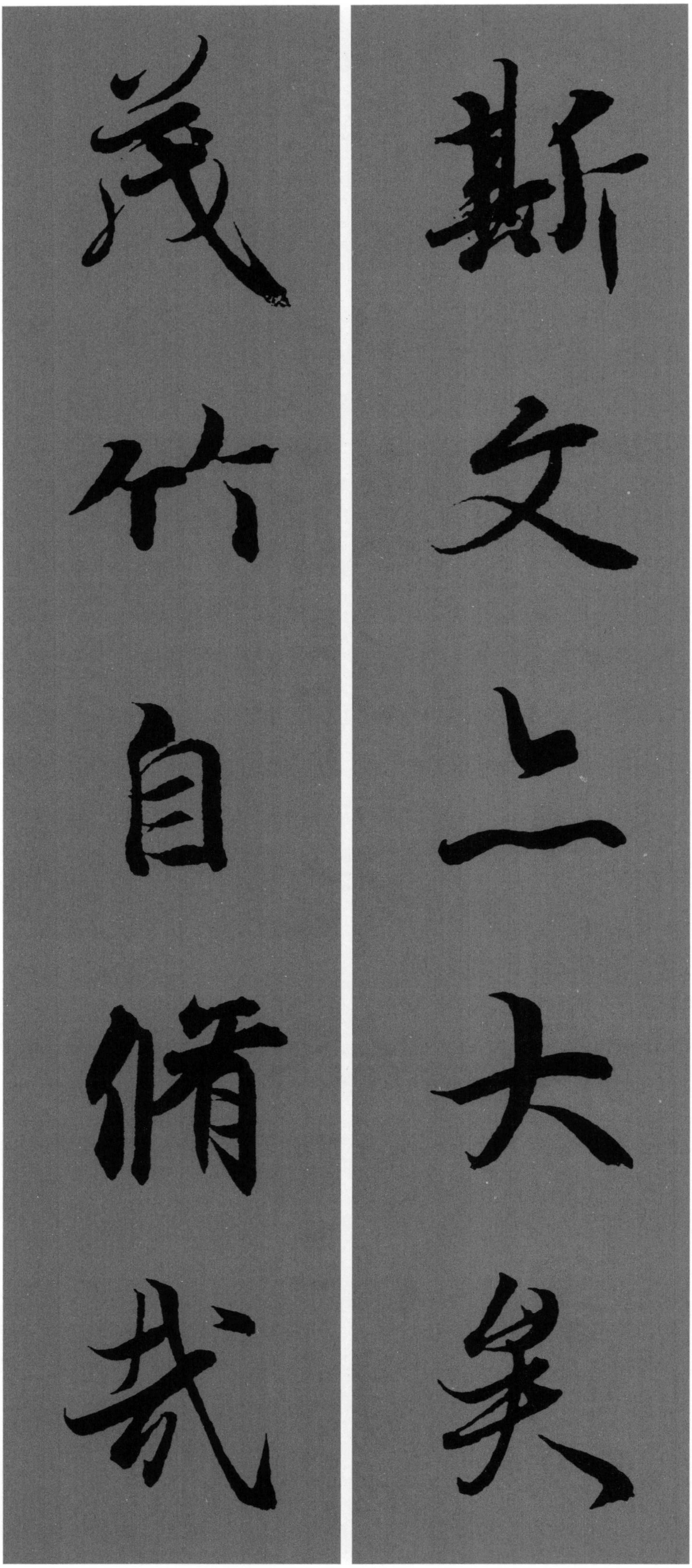

上联—斯文亦大矣
下联—茂竹自修哉

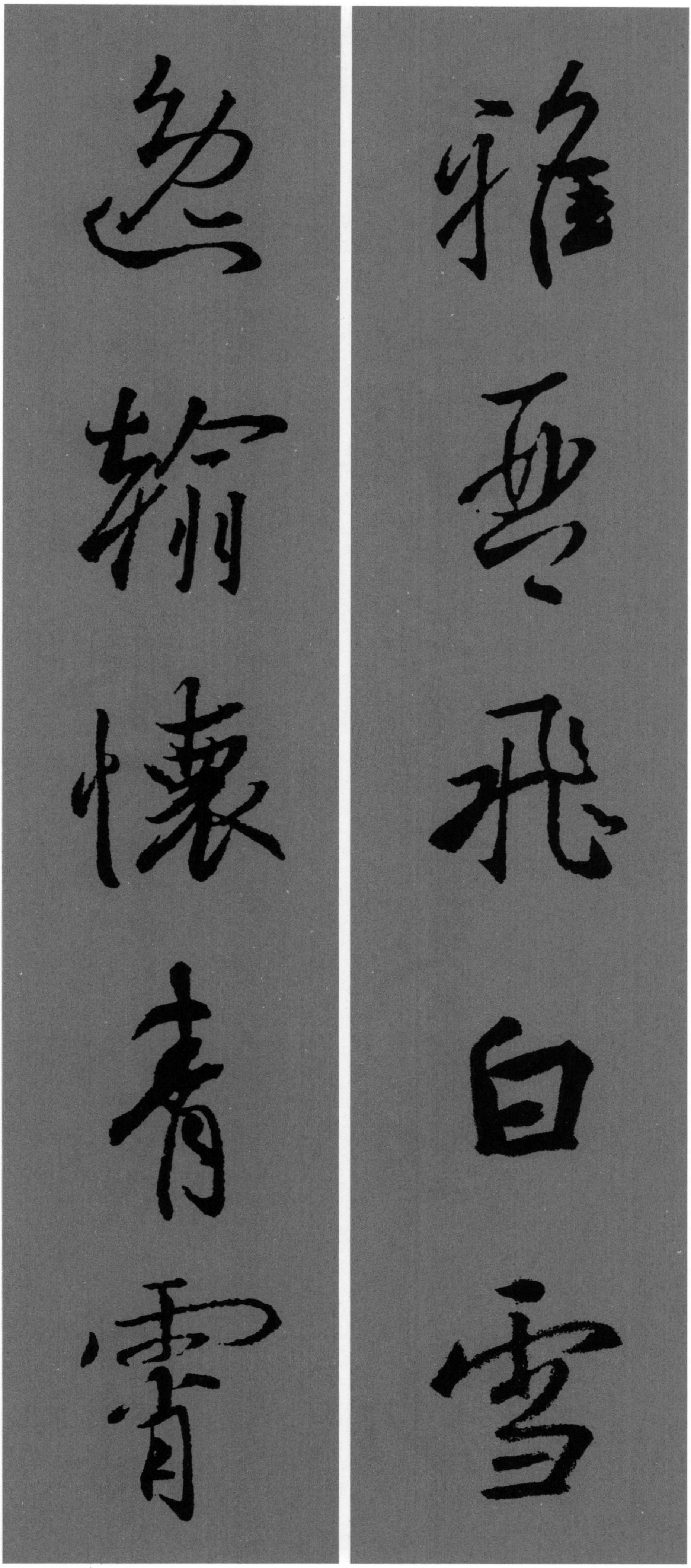

上联—雅琴飞白雪
下联—逸翰怀青霄

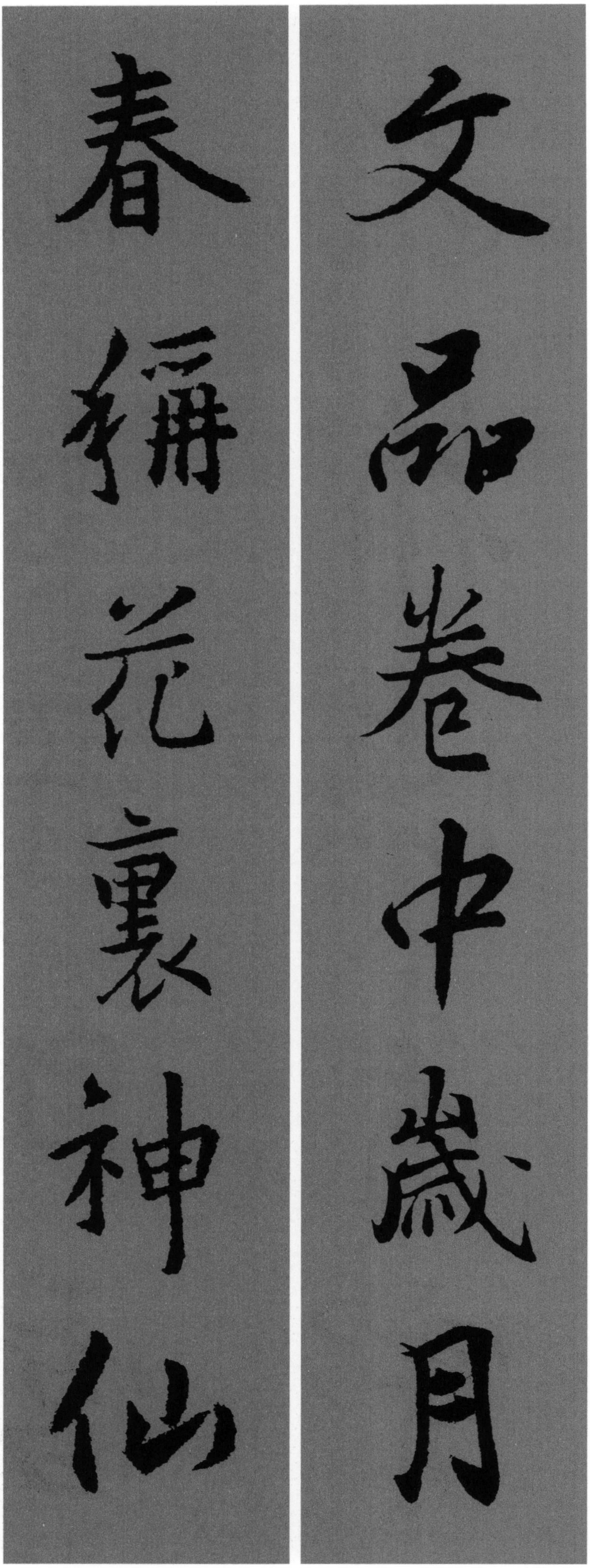
文品卷中歲月
春稱花裏神仙

上联—文品卷中岁月
下联—春称花里神仙

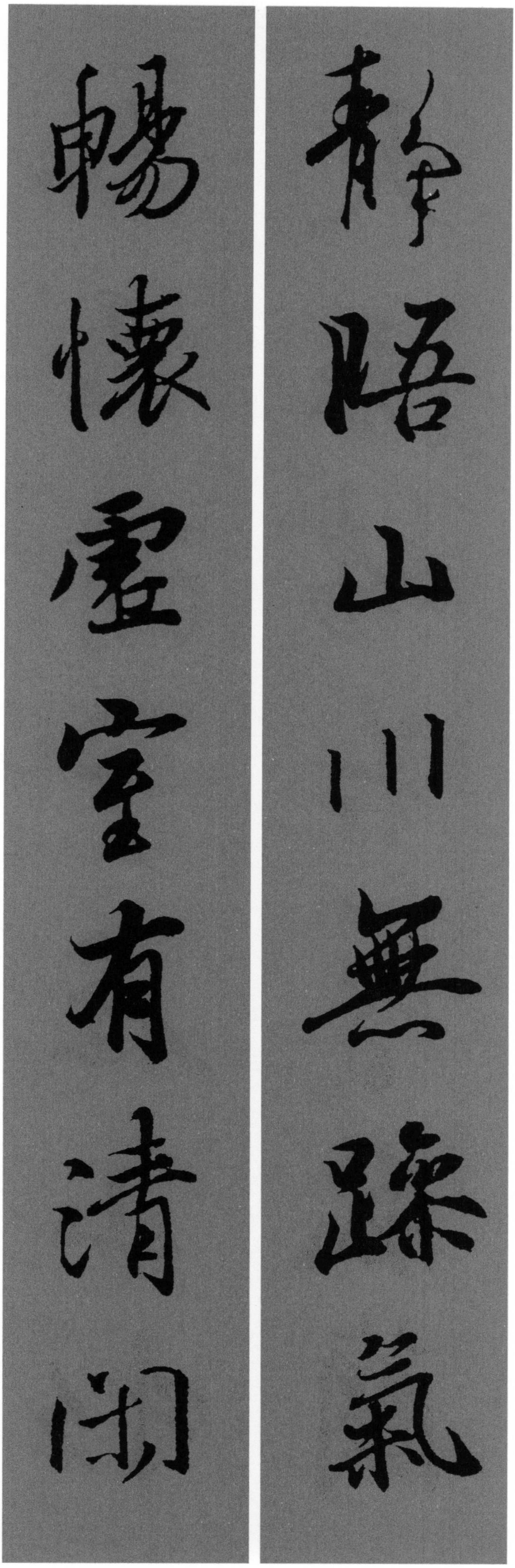
靜晤山川無躁氣
暢懷虛室有清閑

上联— 静晤山川无躁气
下联— 畅怀虚室有清闲

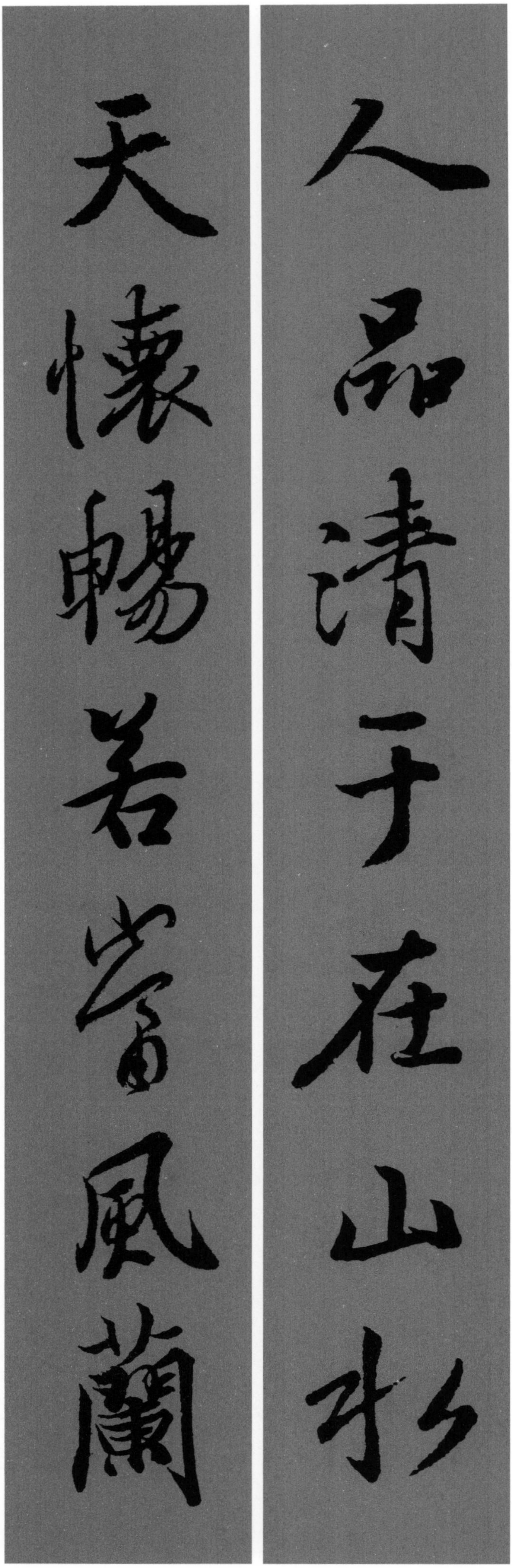
人品清于在山水
天懷暢若當風蘭

上联一人品清于在山水
下联一天怀畅若当风兰

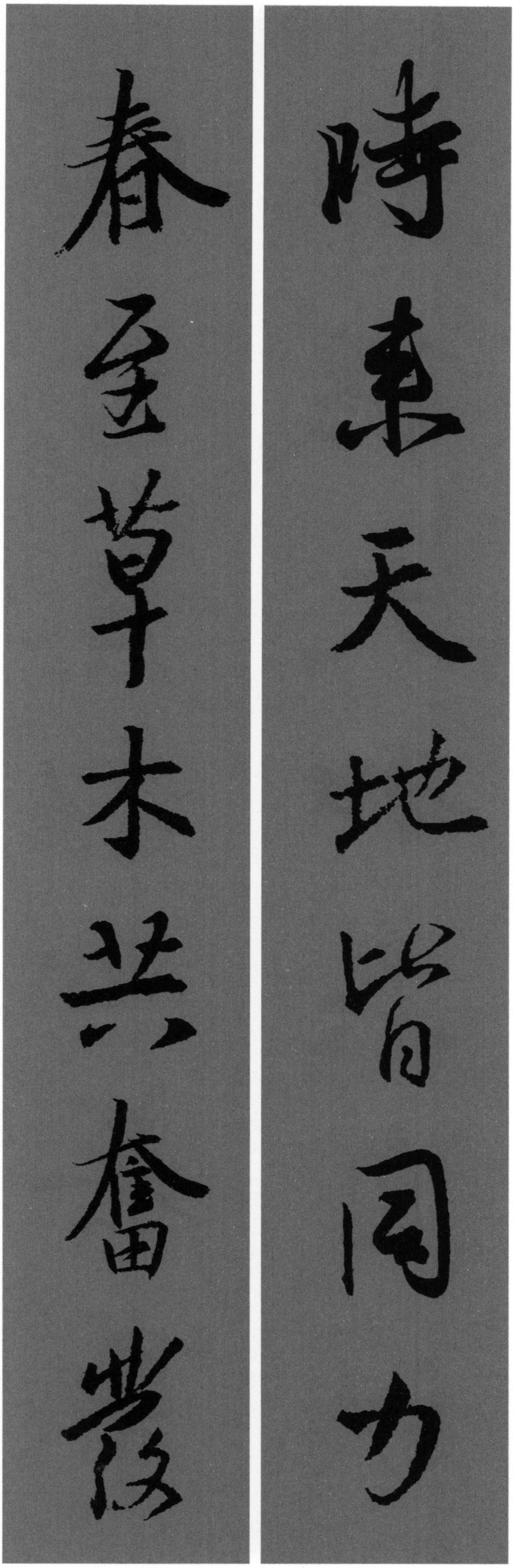

上联 时来天地皆同力
下联 春至草木共奋发

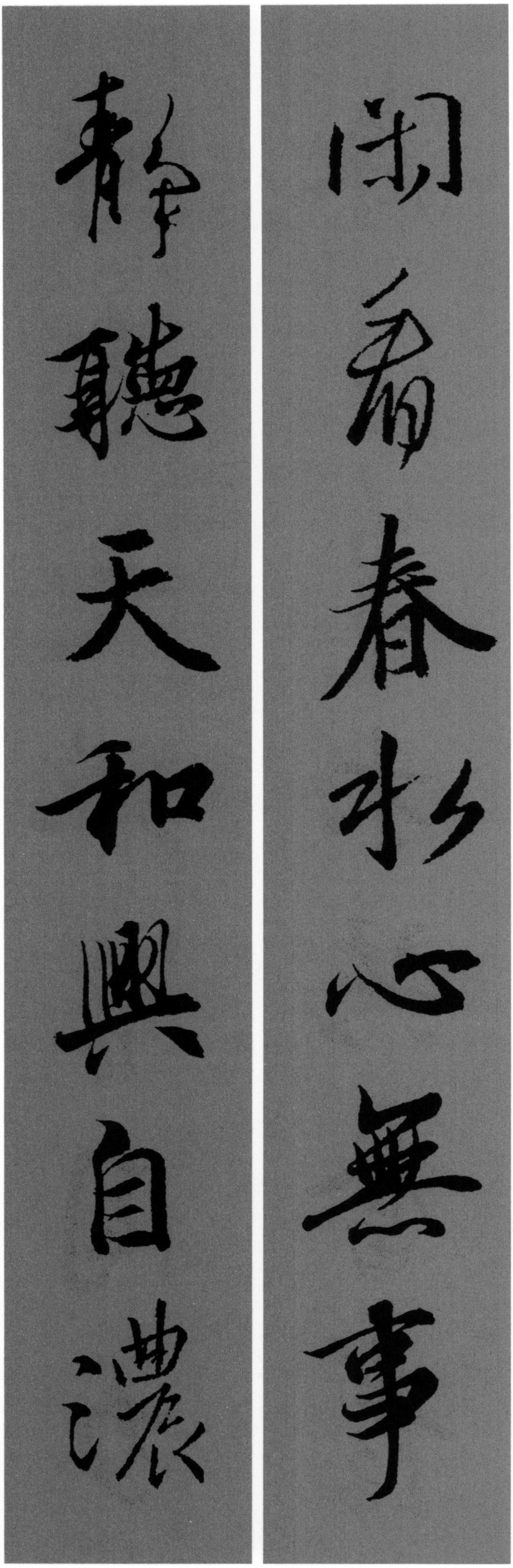

上联—闲看春水心无事
下联—静听天和兴自浓

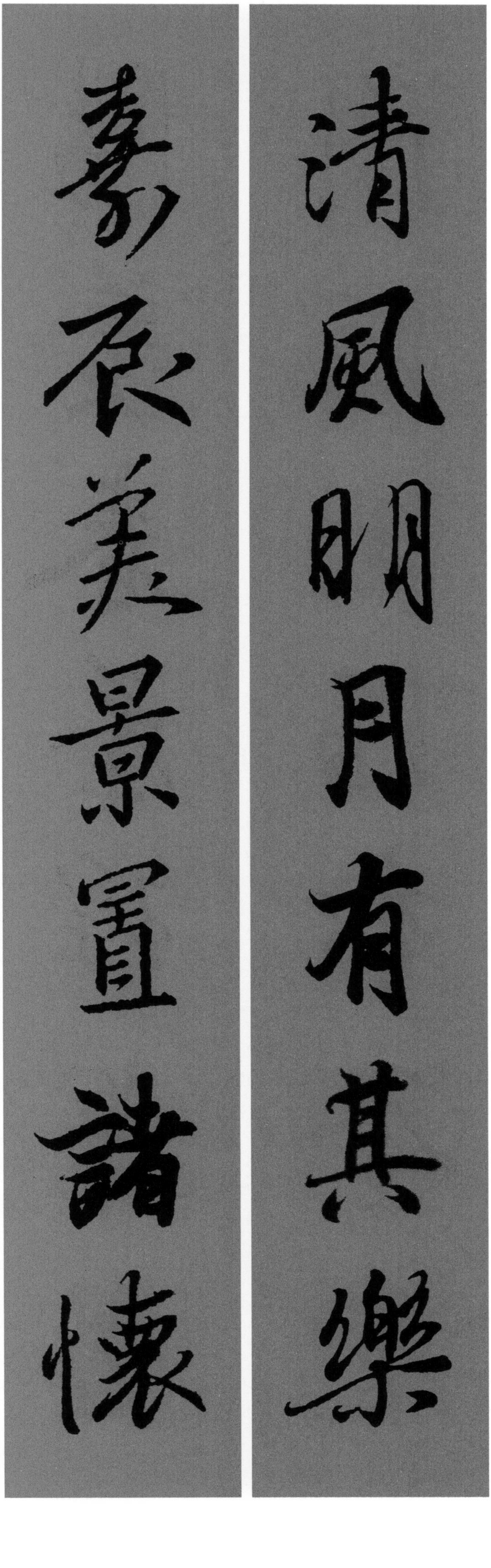
清風明月有其樂
嘉辰美景置諸懷

上联— 清风明月有其乐
下联— 嘉辰美景置诸怀

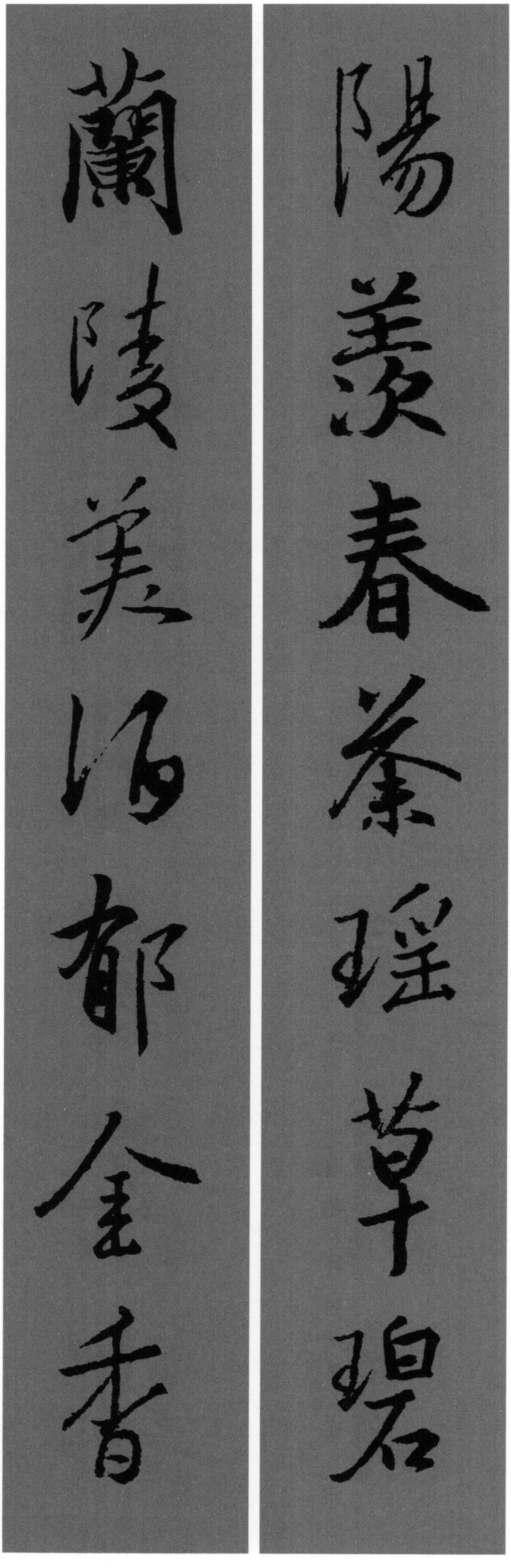
陽羨春茶瑤草碧
蘭陵美酒郁金香

上联—阳羡春茶瑶草碧
下联—兰陵美酒郁金香

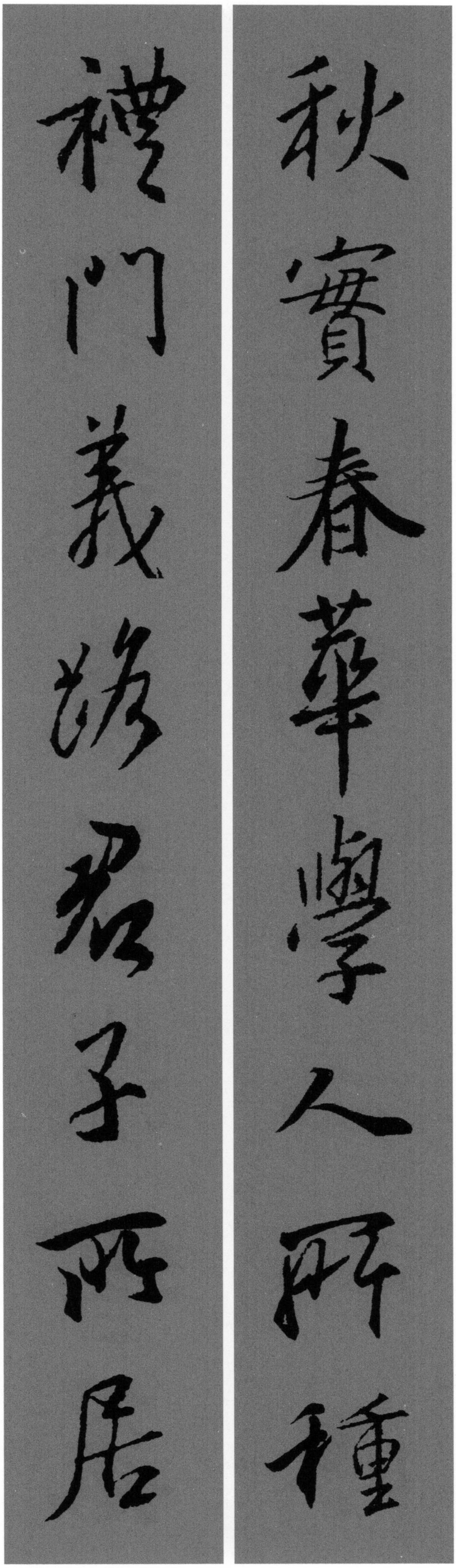
秋實春華學人所種
禮門義路君子所居

上联— 秋实春华学人所种
下联— 礼门义路君子所居

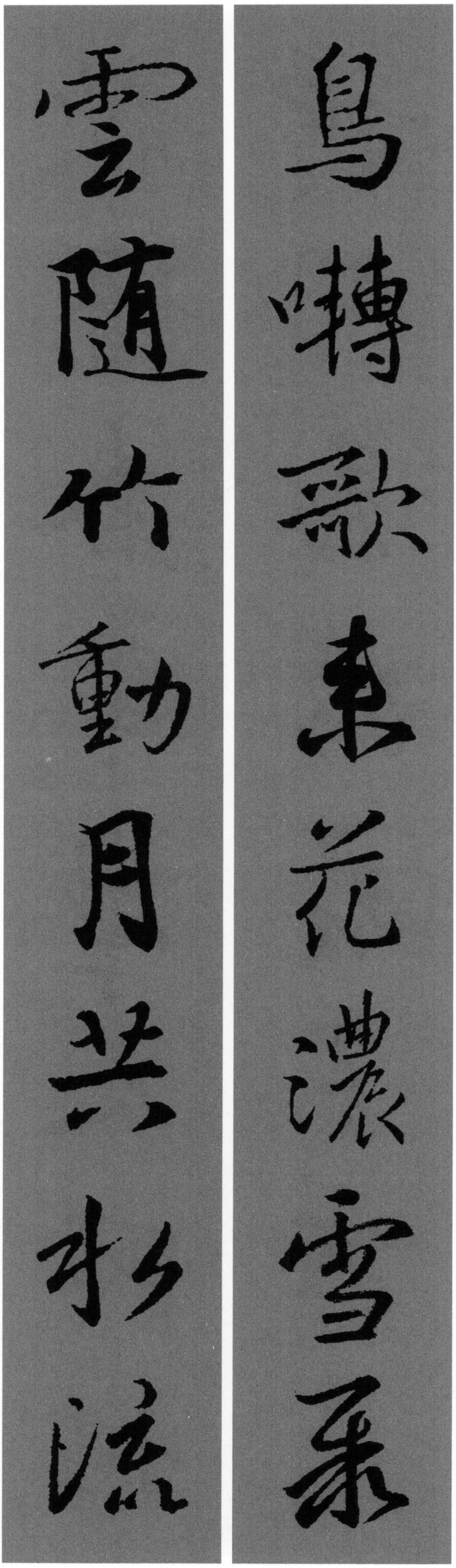
鳥囀歌來花濃雪聚
雲隨竹動月共水流

上联—鸟啭歌来花浓雪聚
下联—云随竹动月共水流

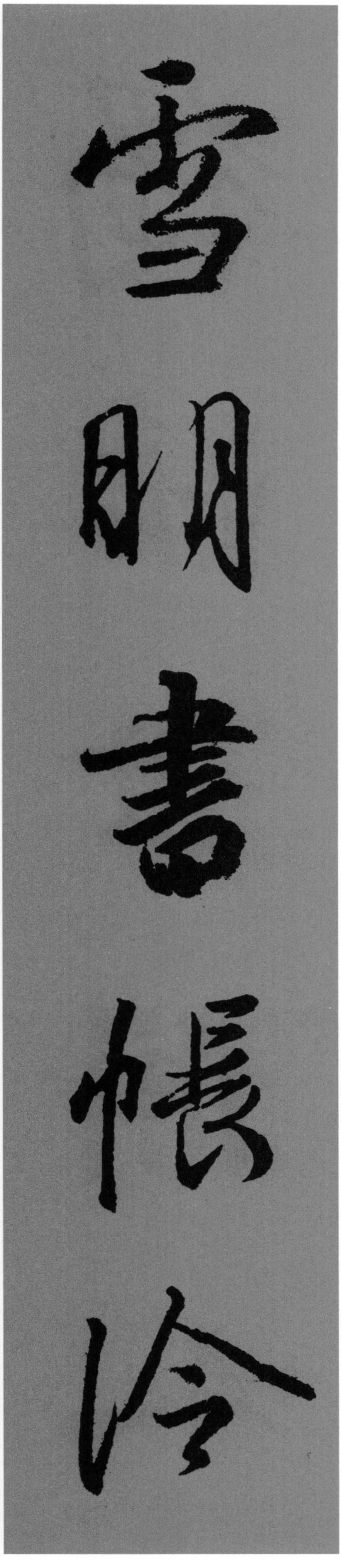

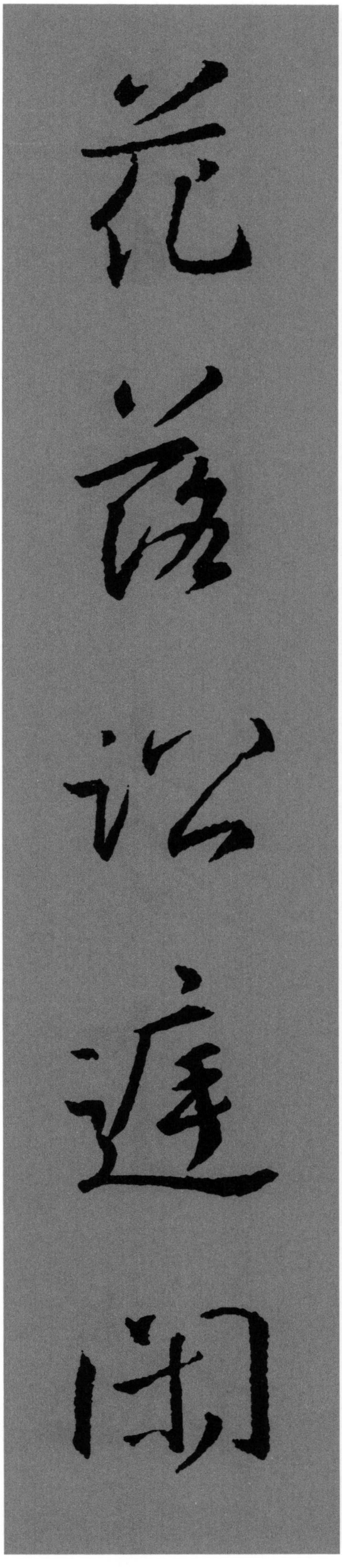

上联 雪明书帐冷
下联 花落讼庭闲

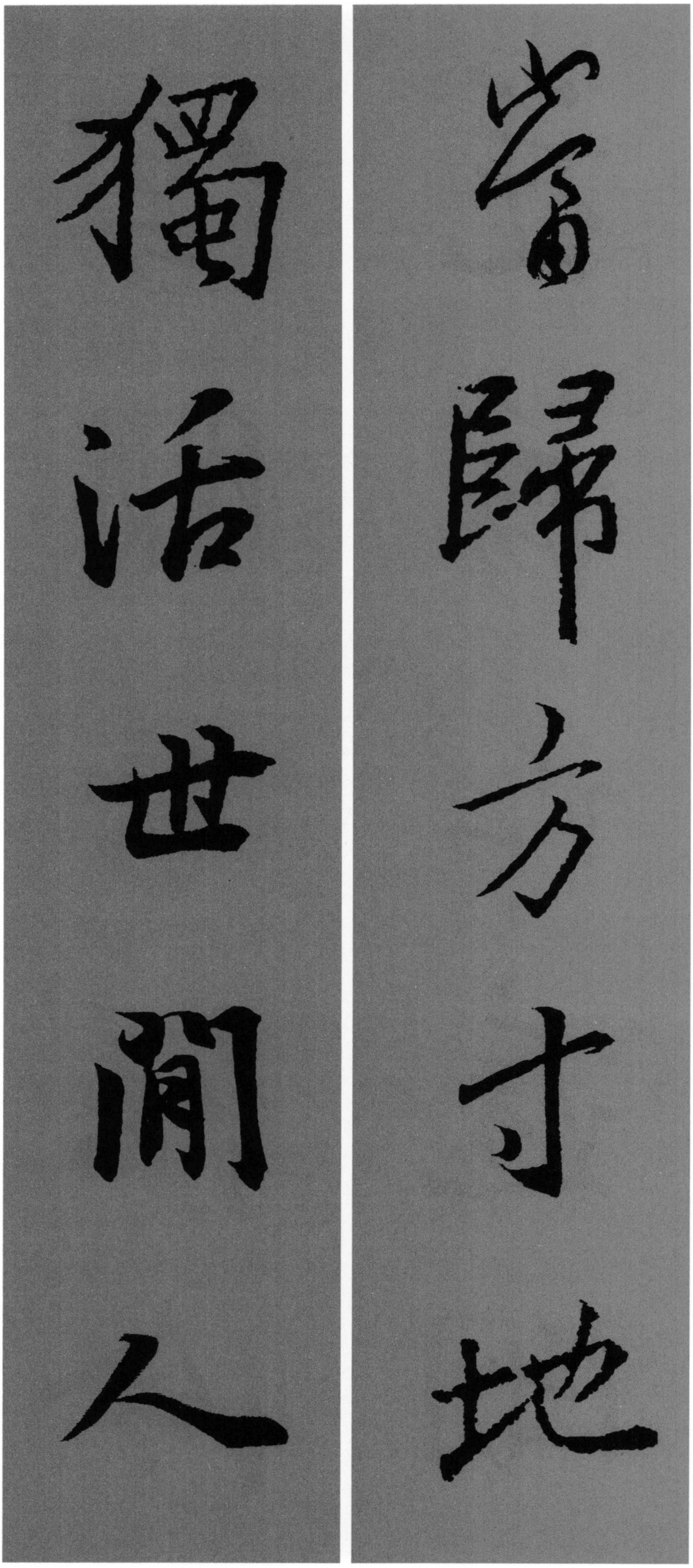

上联一 当归方寸地
下联一 独活世间人

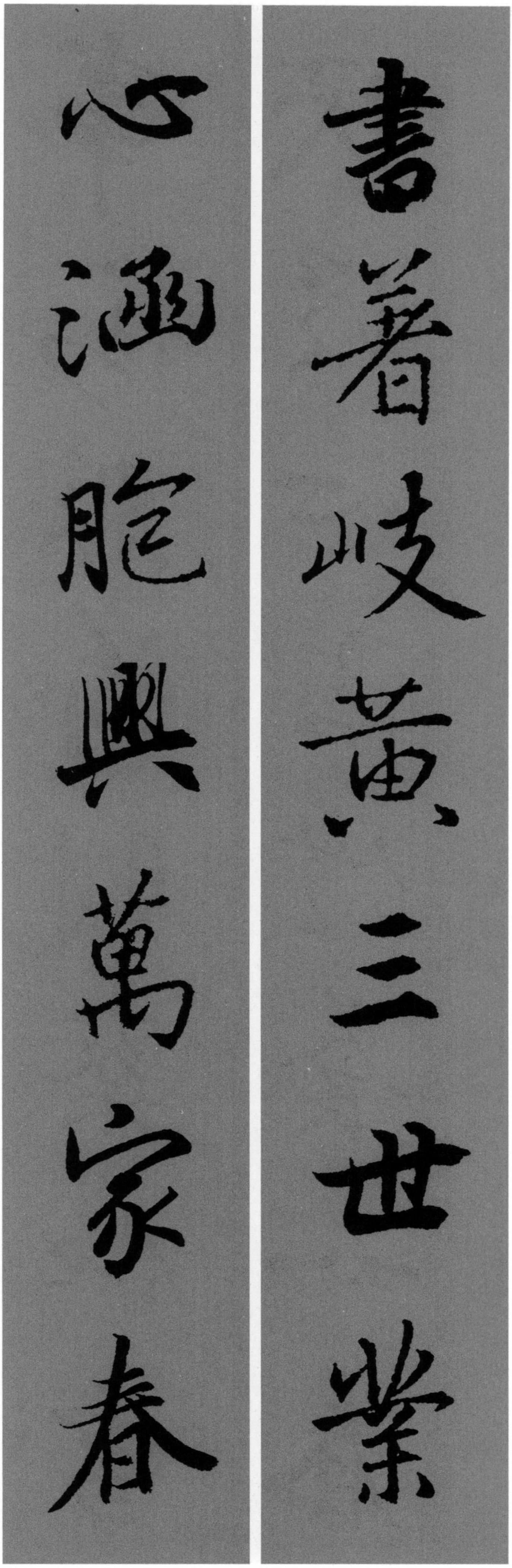
書著岐黄三世業
心涵胞興萬家春

上联 — 书著岐黄三世业
下联 — 心涵胞兴万家春

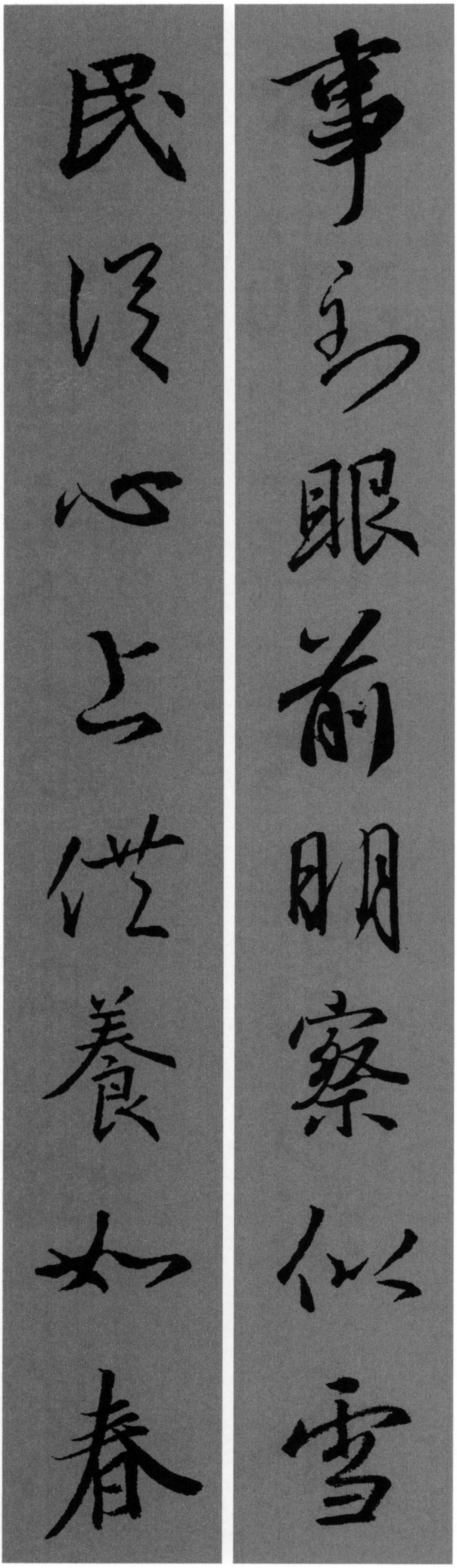

上联 事到眼前明察似雪
下联 民从心上供养如春

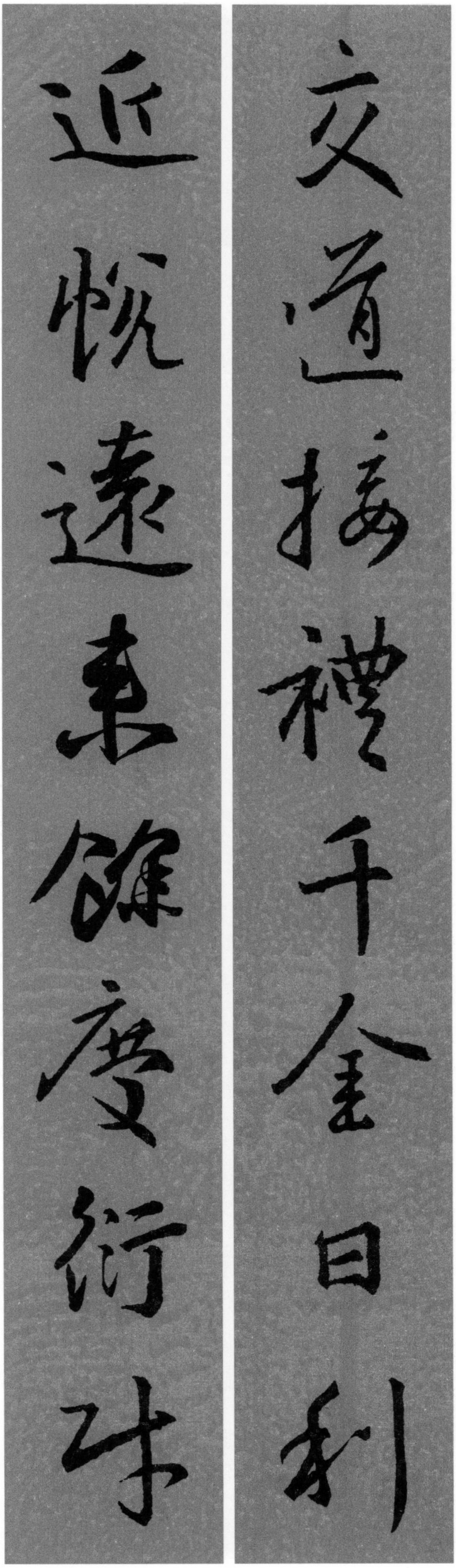
交道接禮千金日利
近悅遠來餘慶衍財

上联—交道接礼千金日利
下联—近悦远来余庆衍财

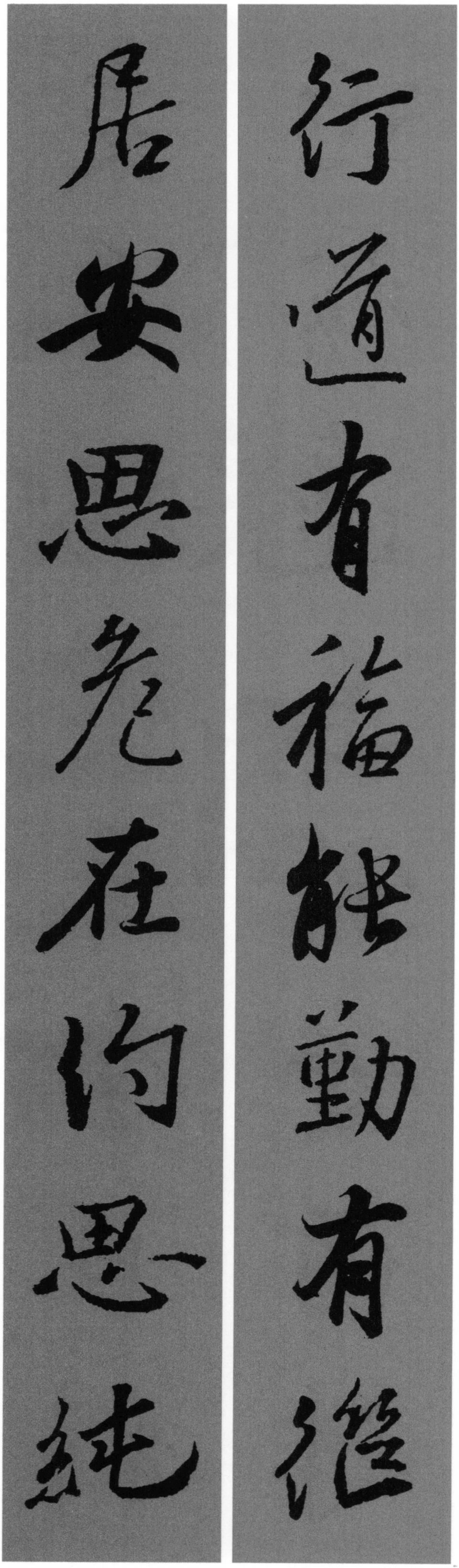
行道有福能勤有继
居安思危在约思纯

上联　行道有福能勤有继
下联　居安思危在约思纯

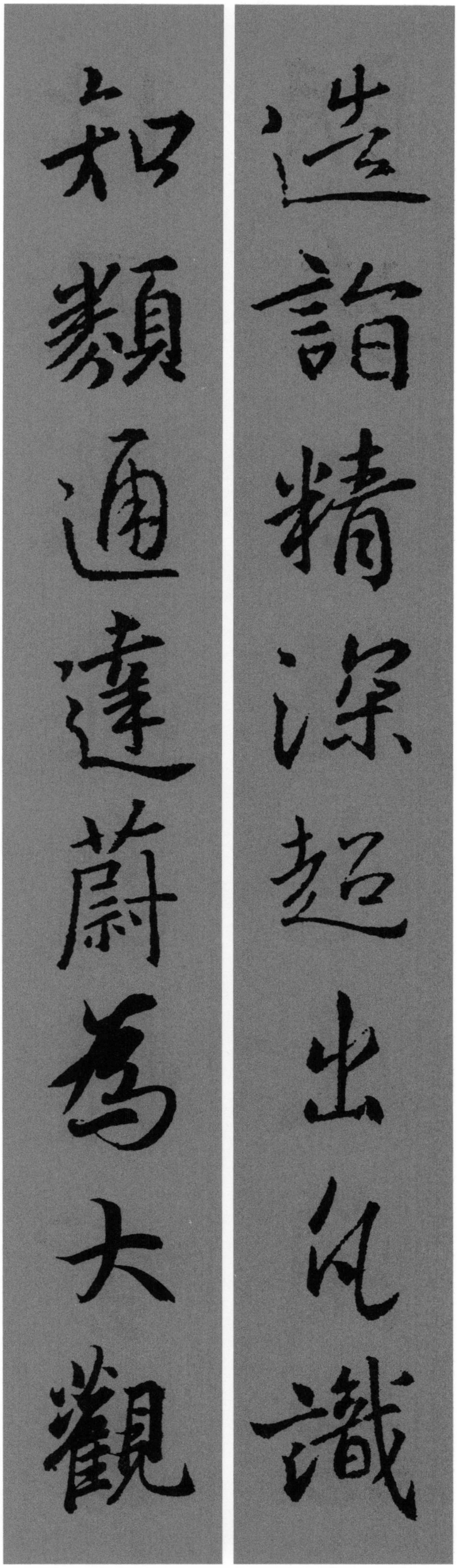
造詣精深超出凡識
知類通達蔚為大觀

上联 — 造诣精深超出凡识
下联 — 知类通达蔚为大观

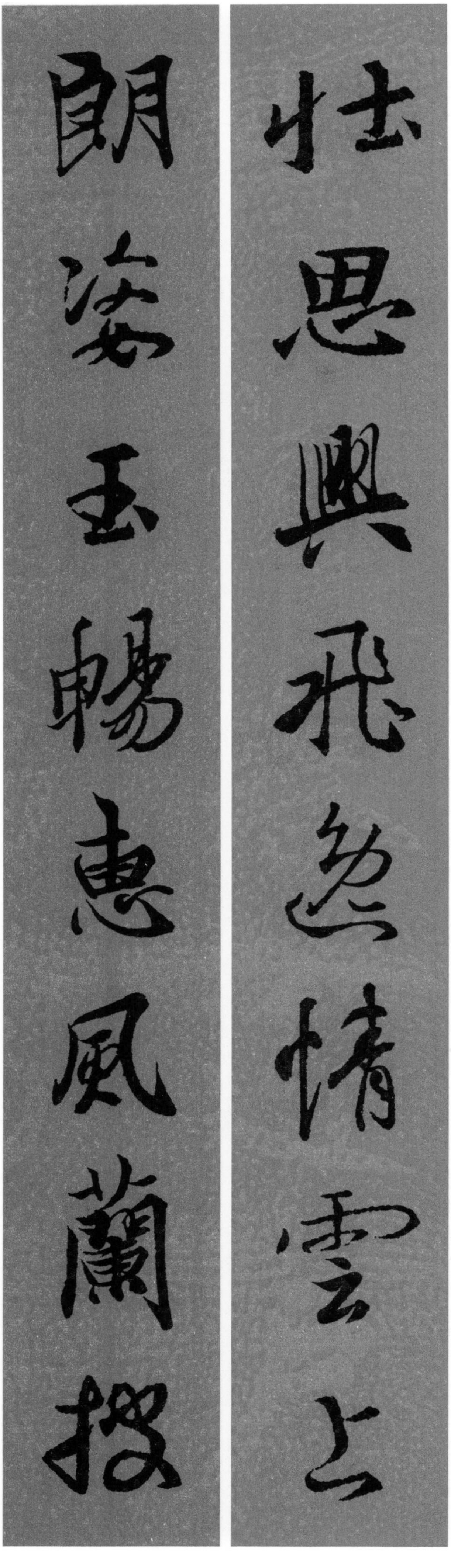
壯思興飛逸情雲上
朗姿玉暢惠風蘭披

上联—壮思兴飞逸情云上
下联—朗姿玉畅惠风兰披

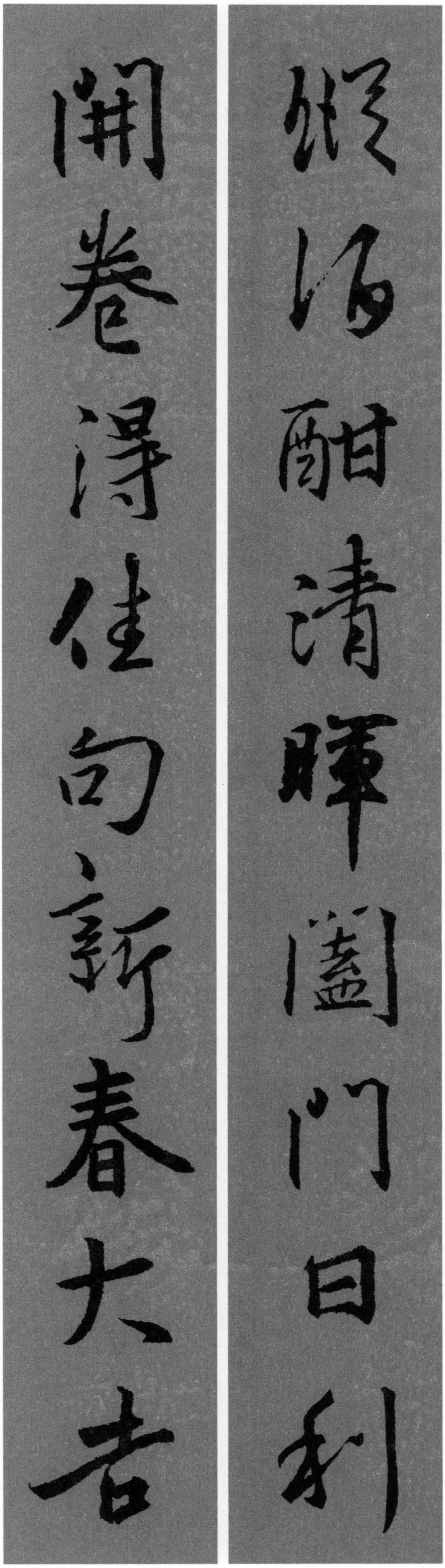
縱海酣清暉闔門日利
開卷得佳句新春大吉

上联 — 纵海酣清晖阖门日利
下联 — 开卷得佳句新春大吉

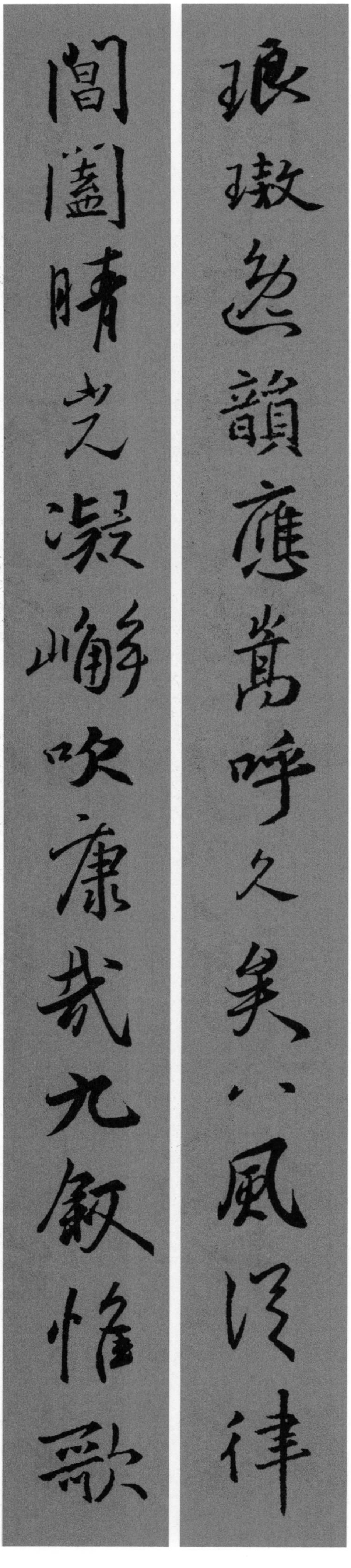
琅璈逸韻應嵩呼久矣八風從律
閶闔晴光凝嶰吹康哉九敘惟歌

上联　琅璈逸韵应嵩呼久矣八风从律
下联　阊阖晴光凝嶰吹康哉九叙惟歌

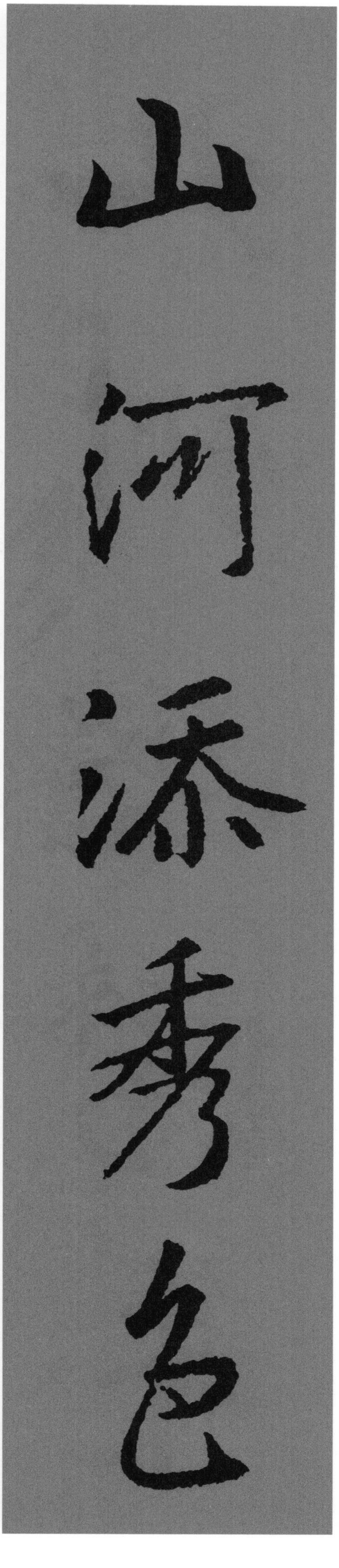

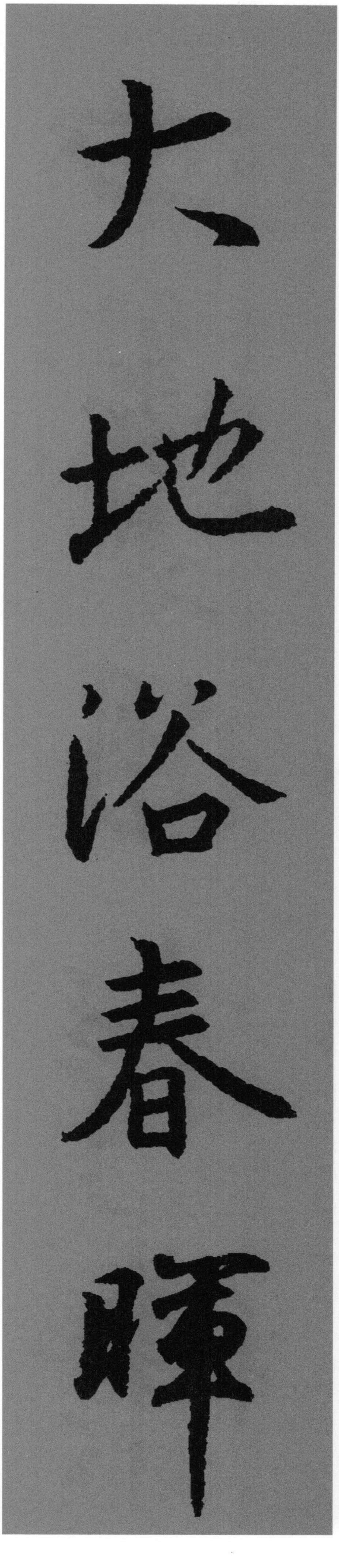

上联 — 山河添秀色
下联 — 大地浴春晖

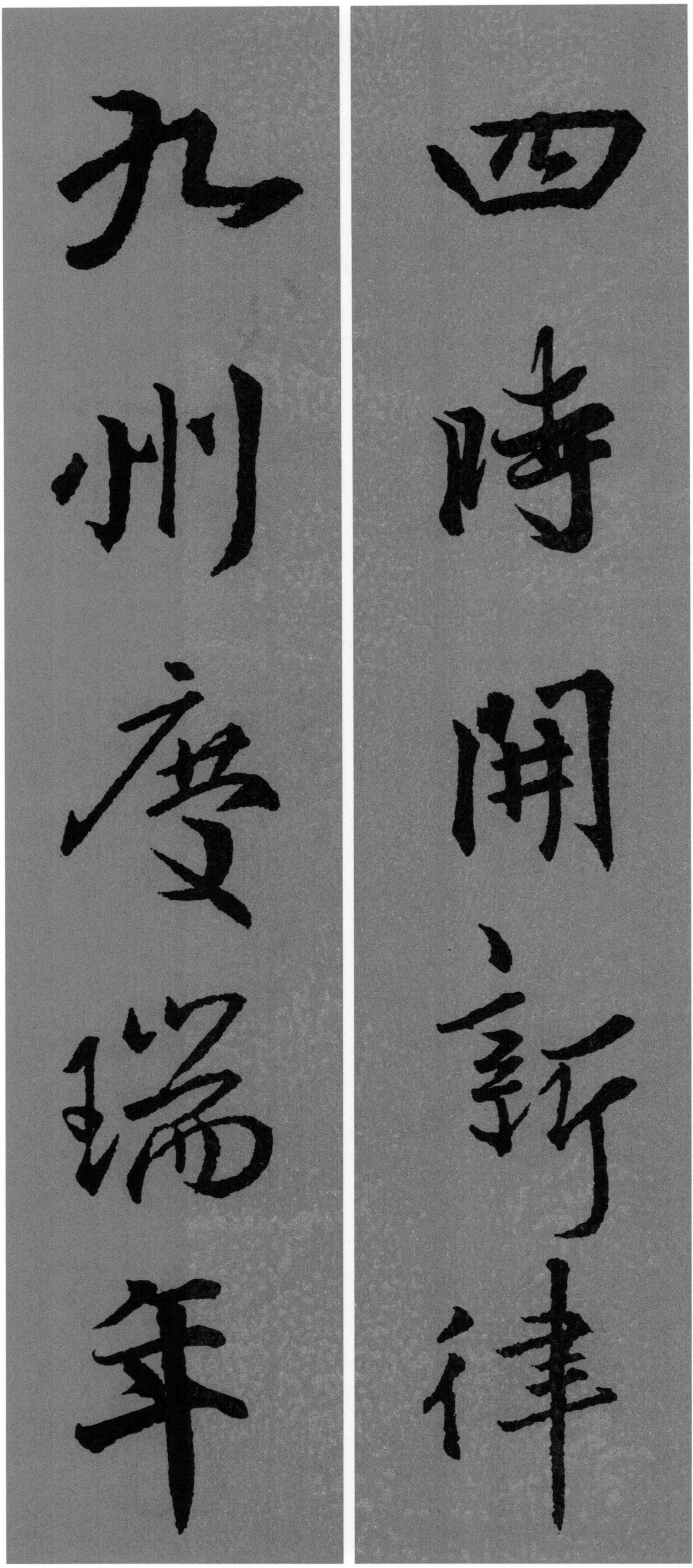

上联｜四时开新律
下联｜九州庆瑞年

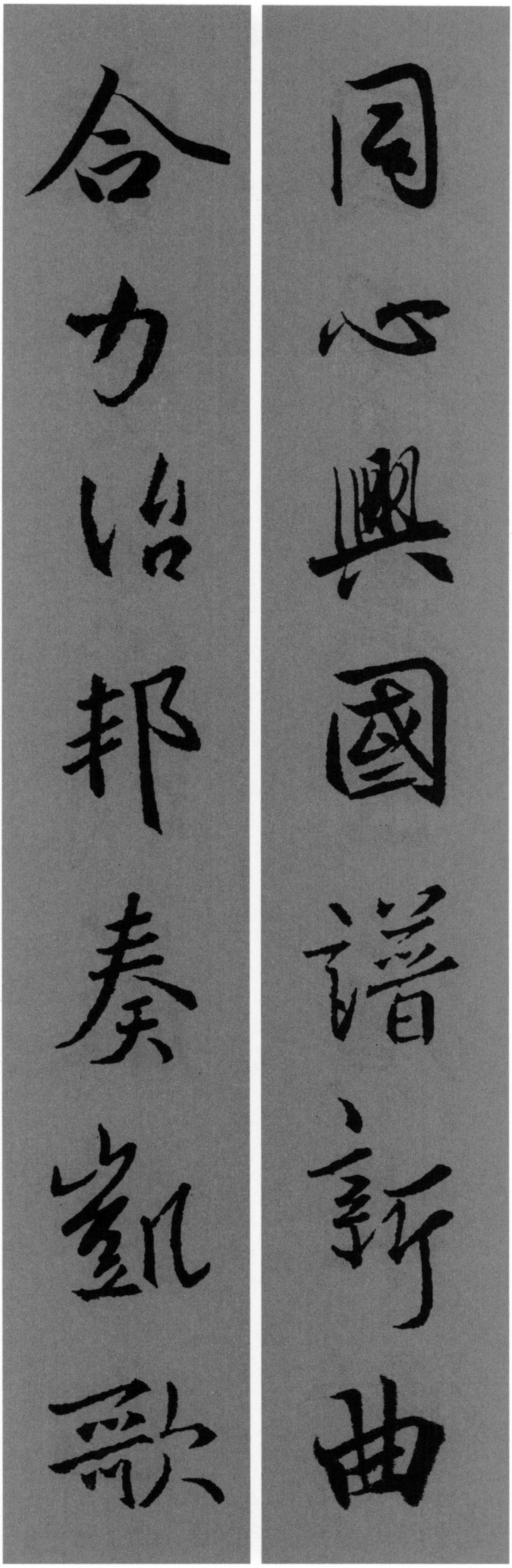
同心興國譜新曲
合力治邦奏凱歌

上联 — 同心兴国谱新曲
下联 — 合力治邦奏凯歌

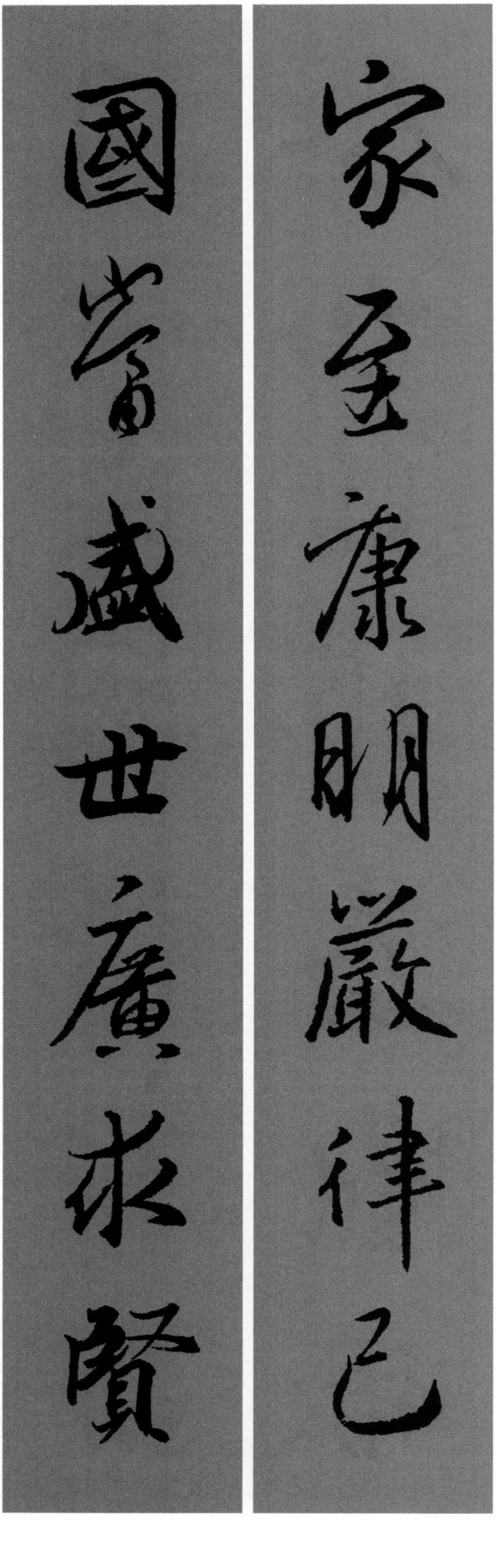
家至康明嚴律己
國當盛世廣求賢

上联一 家至康明严律己
下联一 国当盛世广求贤

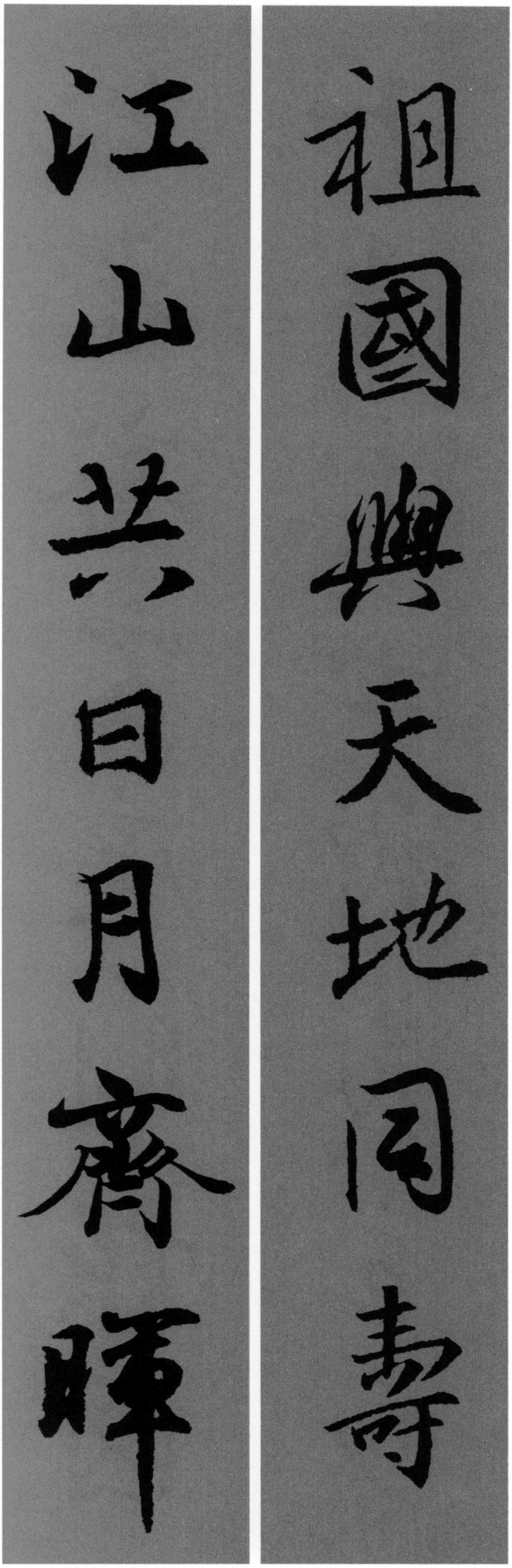
祖國與天地同壽
江山共日月齊暉

上联 — 祖国与天地同寿
下联 — 江山共日月齐晖

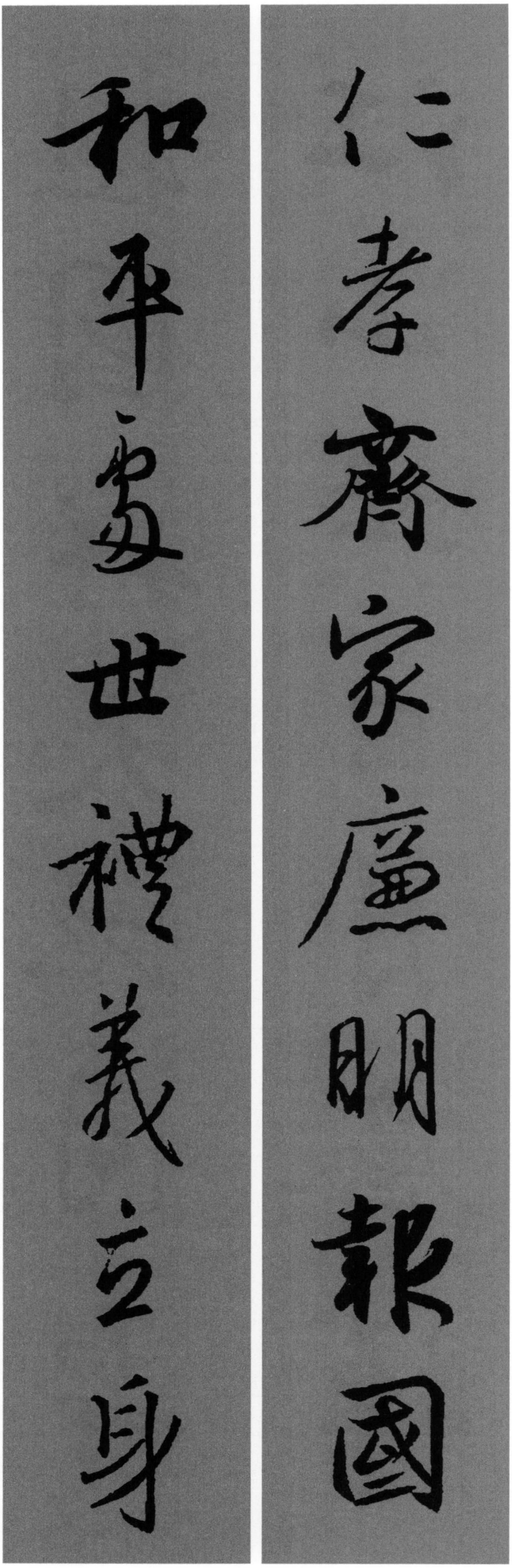
仁孝齊家廉明報國
和平處世禮義立身

上联—仁孝齐家廉明报国
下联—和平处世礼义立身

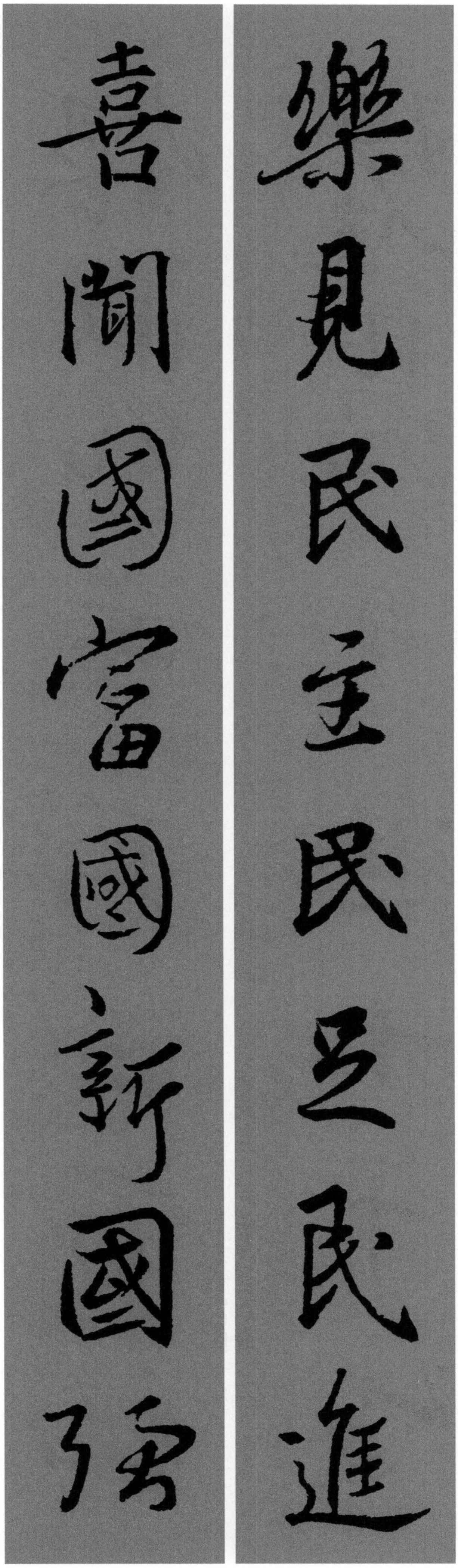
樂見民主民足民進
喜聞國富國新國強

上联 一 乐见民主民足民进
下联 一 喜闻国富国新国强

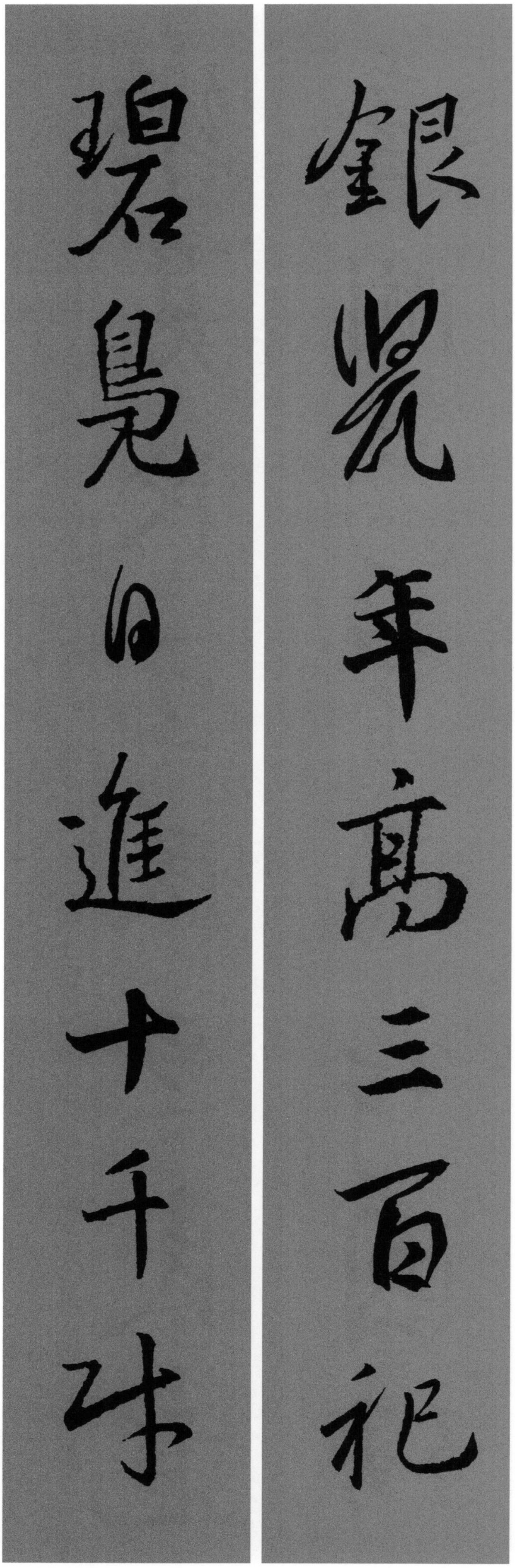

上联：银鼠年高三百祀
下联：碧兔日进十千财

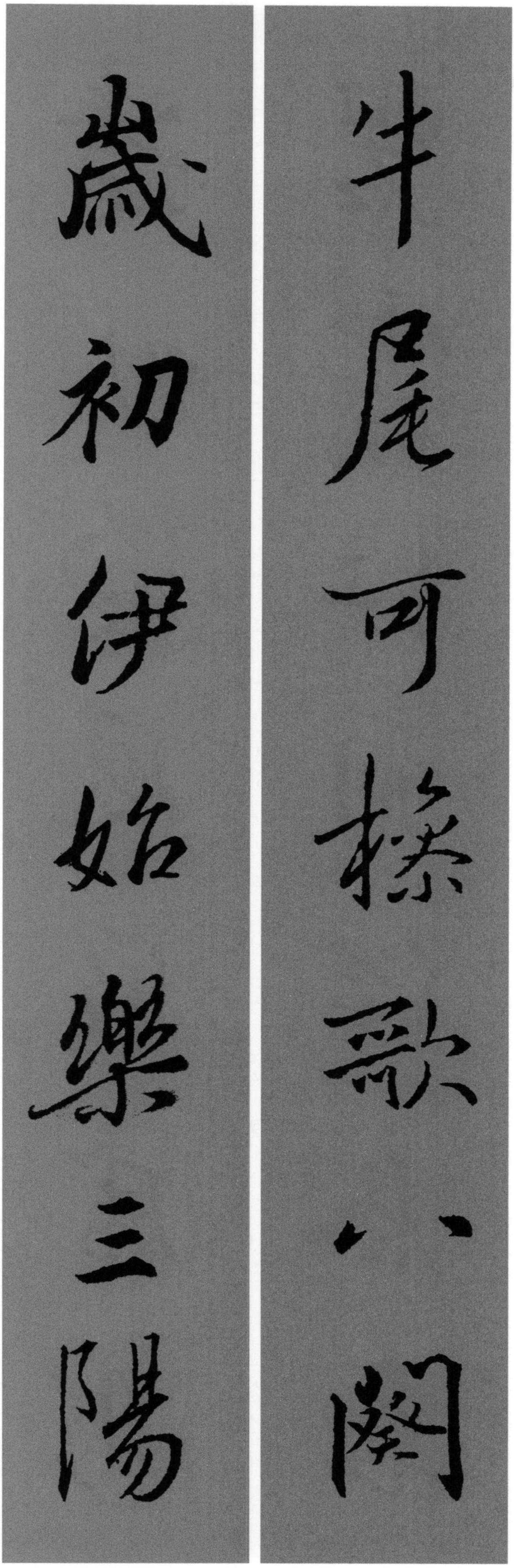
牛尾可操歌八闋
歲初伊始樂三陽

上联—牛尾可操歌八阕
下联—岁初伊始乐三阳

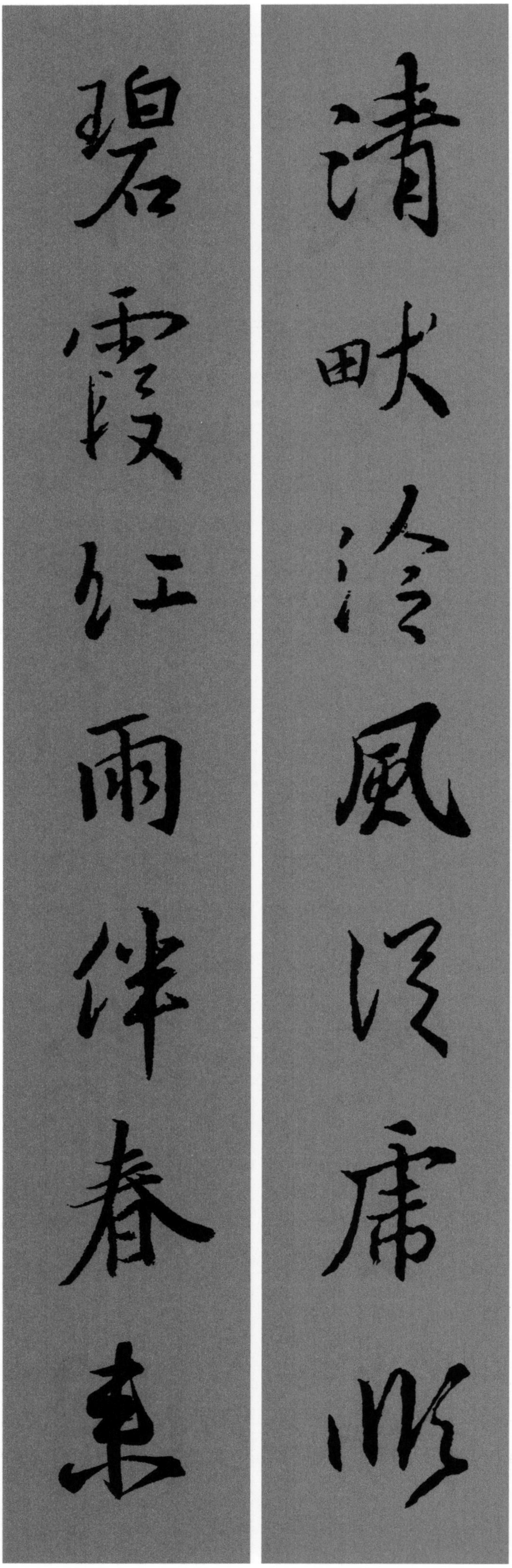

上联—清畎泠风从虎顺
下联—碧霞红雨伴春来

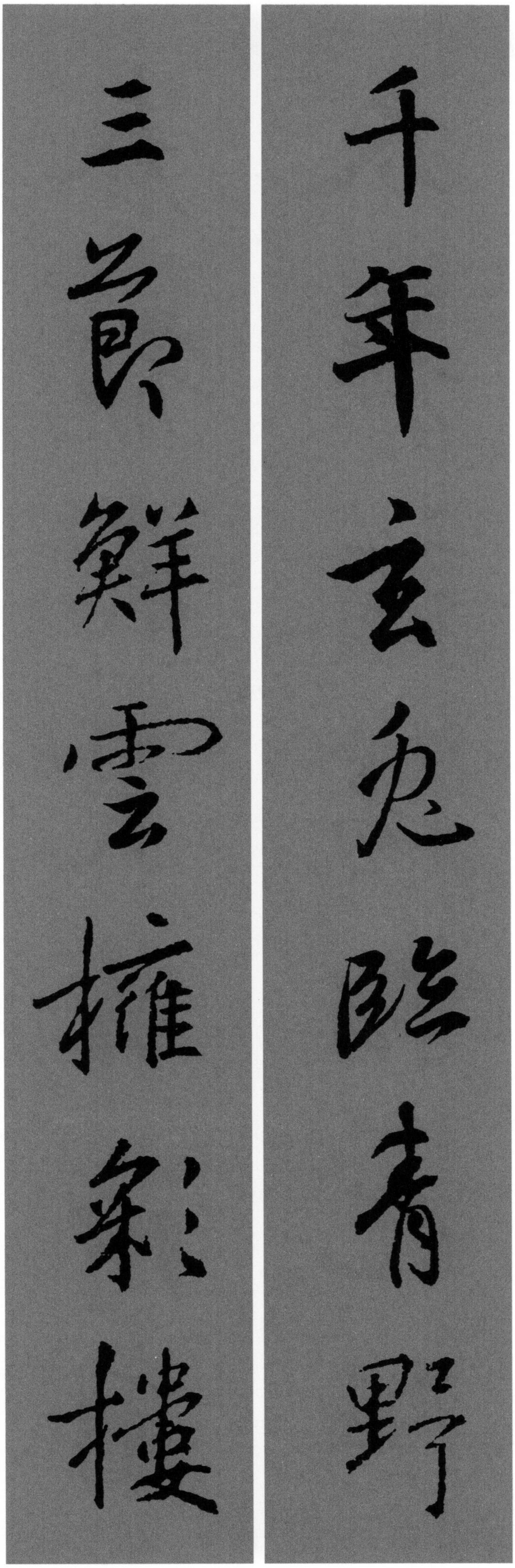
千年玄兔臨青野
三節鮮雲擁彩樓

上联—千年玄兔临青野
下联—三节鲜云拥彩楼

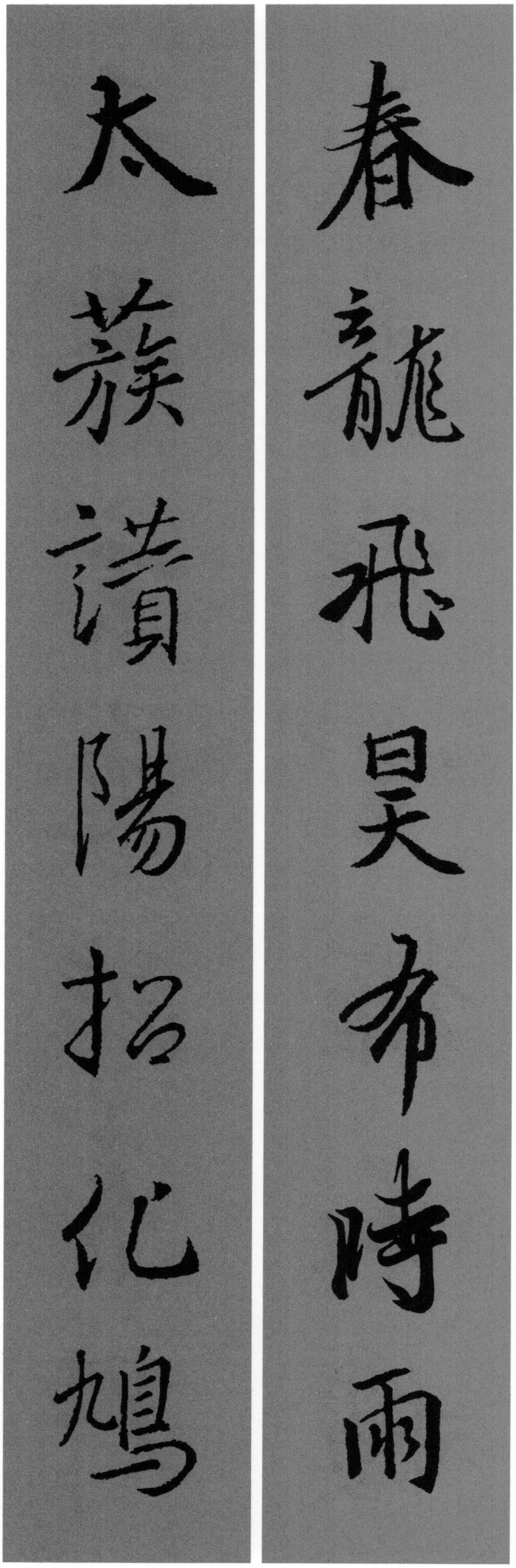
春龍飛昊布時雨
太簇讚陽招化鳩

上联：春龙飞昊布时雨
下联：太簇赞阳招化鸠

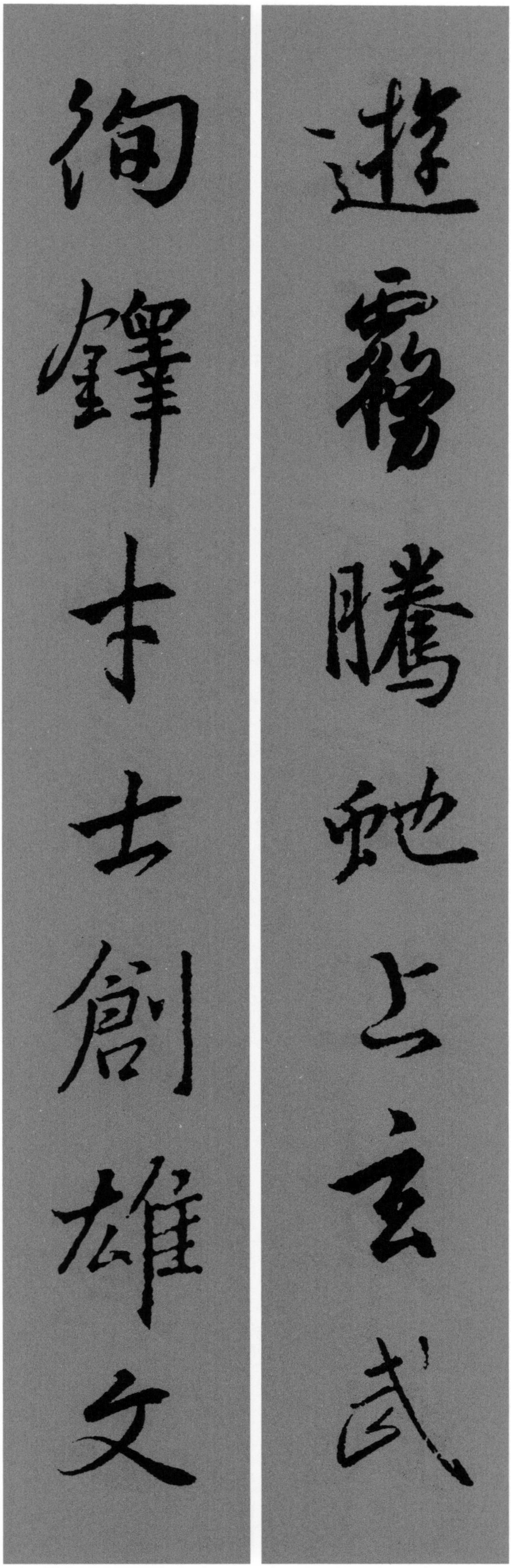

上联— 游雾腾蛇上玄武
下联— 徇铎才士创雄文

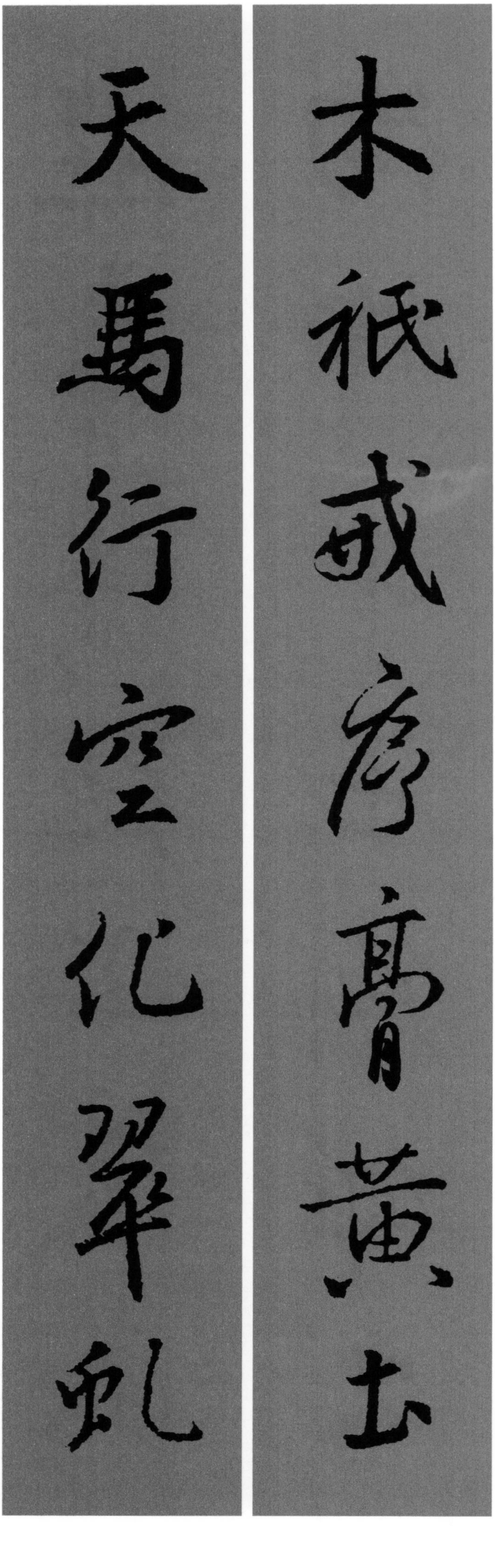
木祇戒序膏黄土
天馬行空化翠虬

上联一木祇戒序膏黄土
下联一天马行空化翠虬

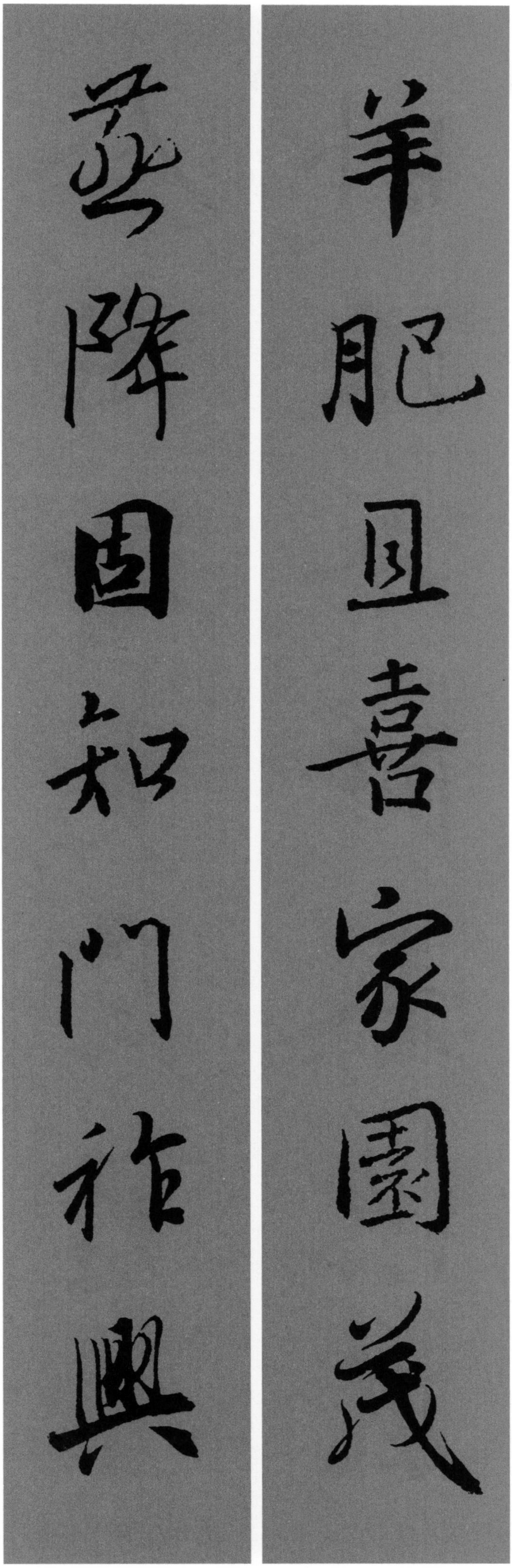
羊肥且喜家園茂
燕降固知門祚興

上联：羊肥且喜家园茂
下联：燕降固知门祚兴

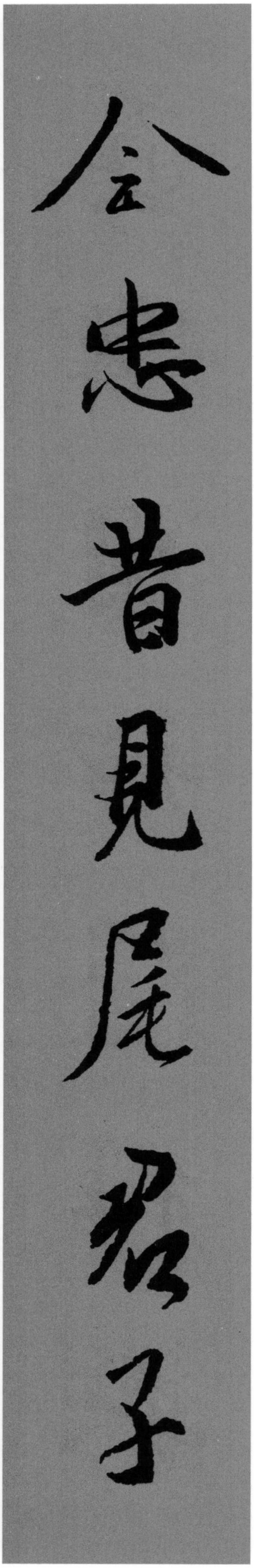
全忠昔見尾君子

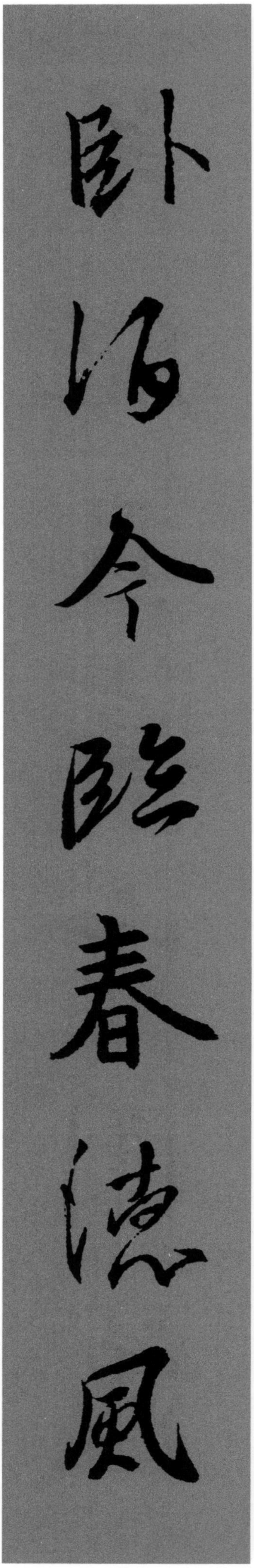
卧酒今臨春德風

上联—全忠昔见尾君子
下联—卧酒今临春德风

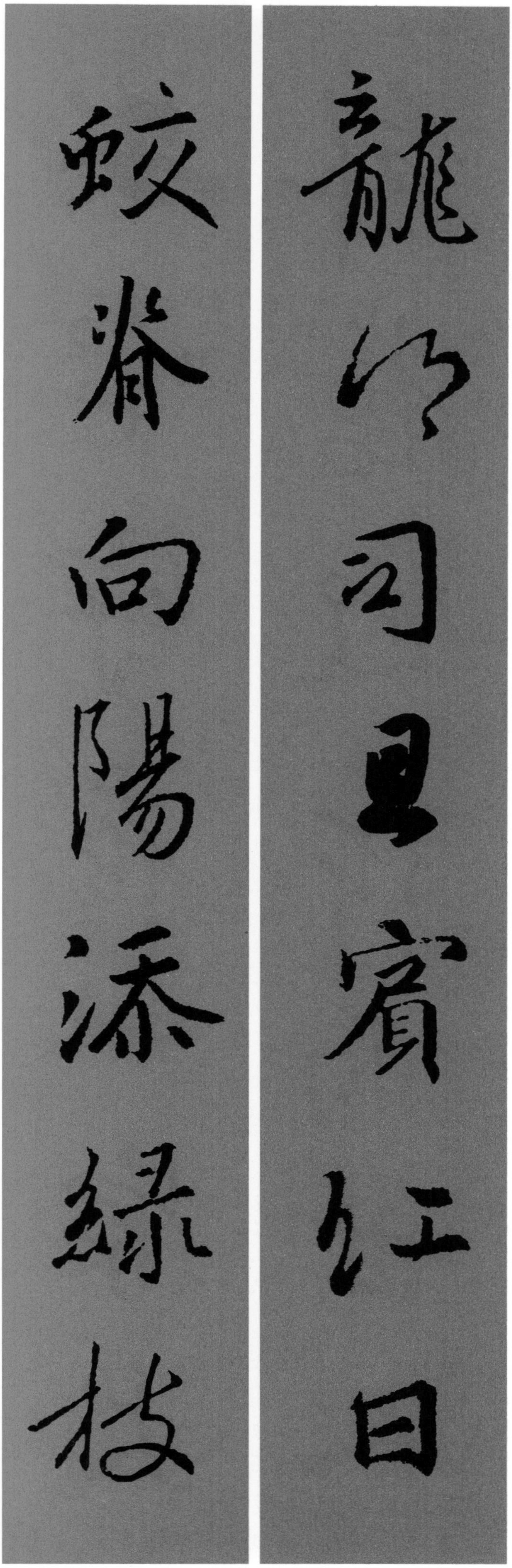
龍鄉司旦賓紅日
蛟脊向陽添綠枝

上联—龙乡司旦宾红日
下联—蛟脊向阳添绿枝

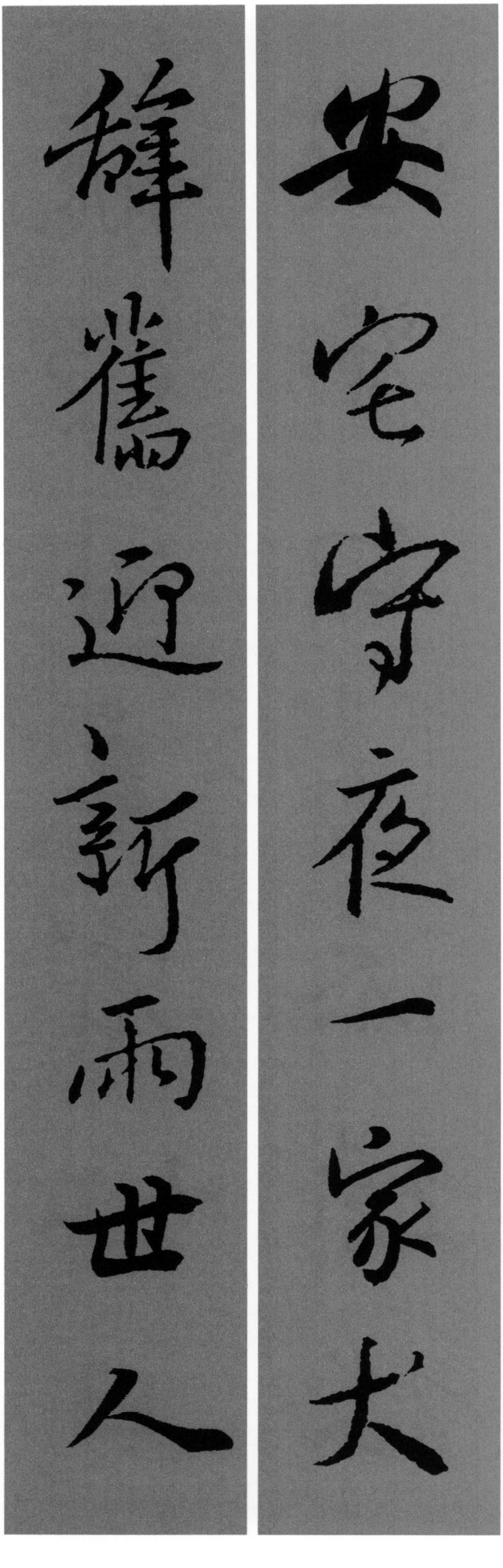
安宅守夜一家犬
辭舊迎新兩世人

上联—安宅守夜一家犬
下联—辞旧迎新两世人

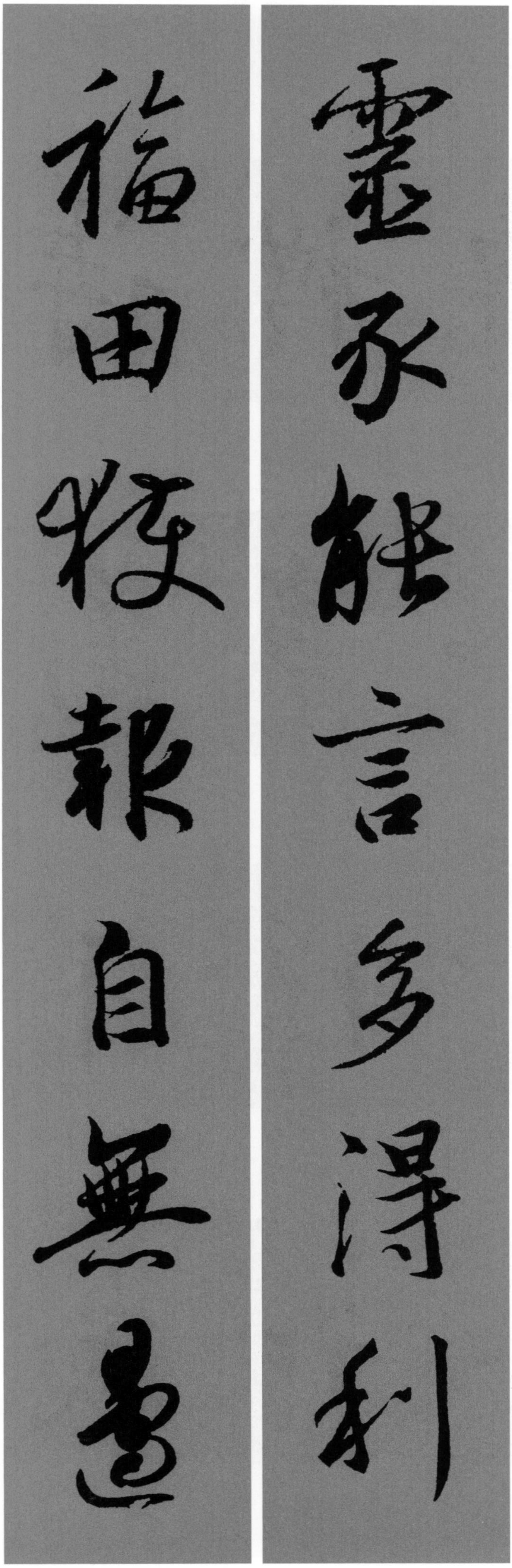
靈豕能言多得利
福田獲報自無邊

上联—灵豕能言多得利
下联—福田获报自无边

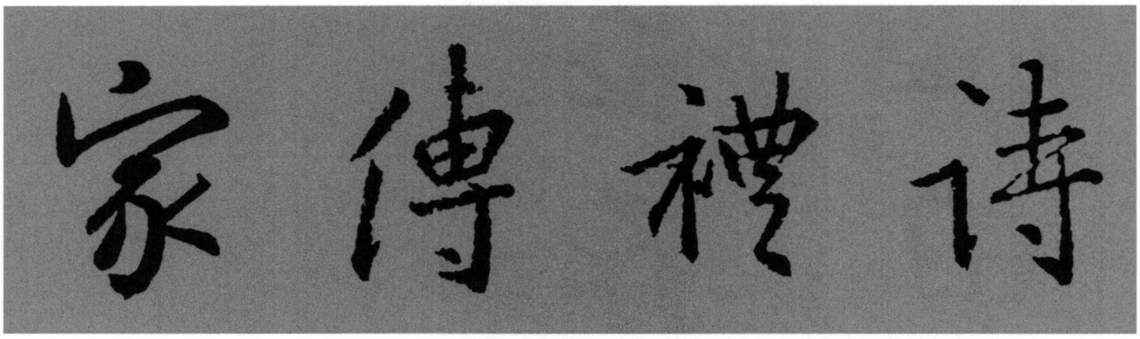
詩禮傳家

横披| 诗礼传家

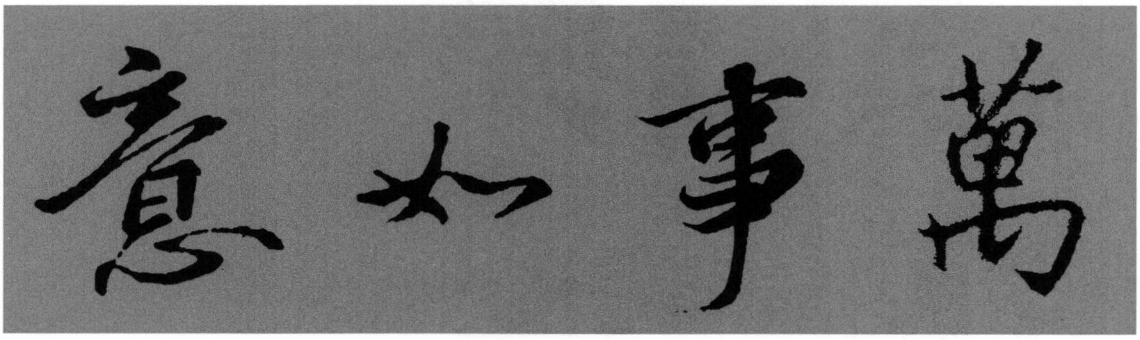
萬事如意

横披| 万事如意

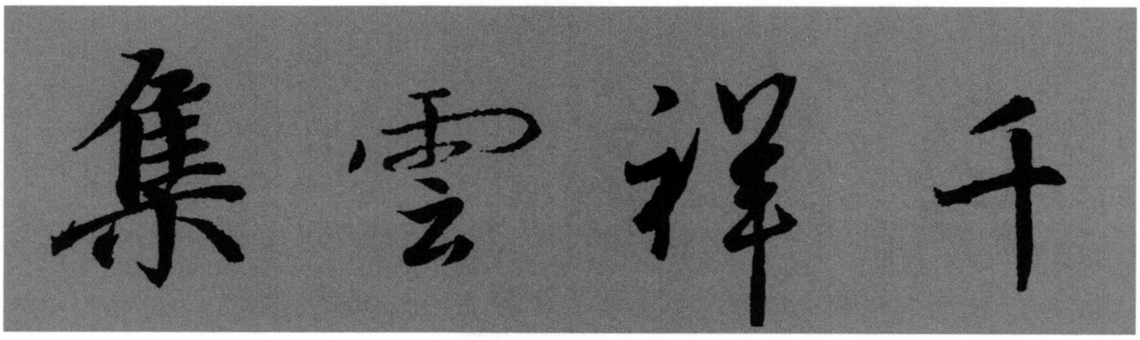
千祥雲集

横披| 千祥云集

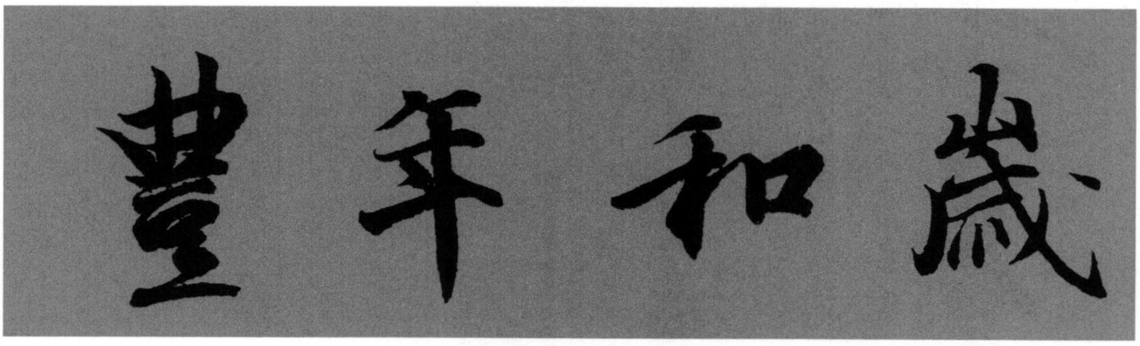
歲和年豐

横披| 岁和年丰

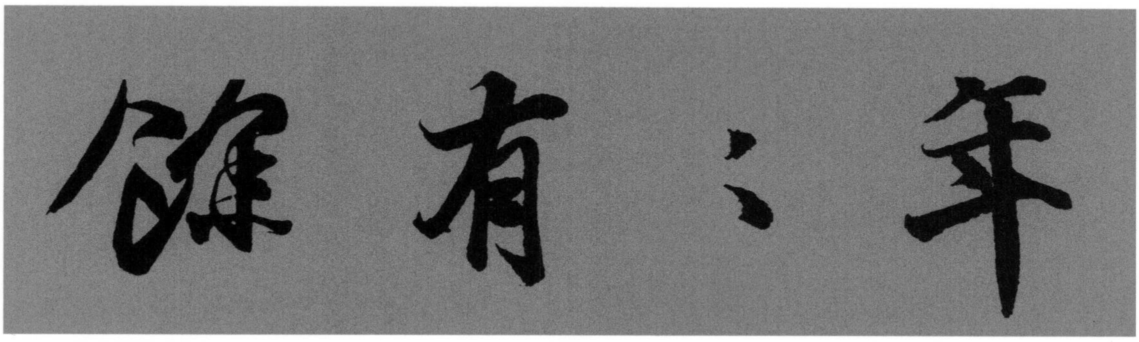

横披| 年年有余

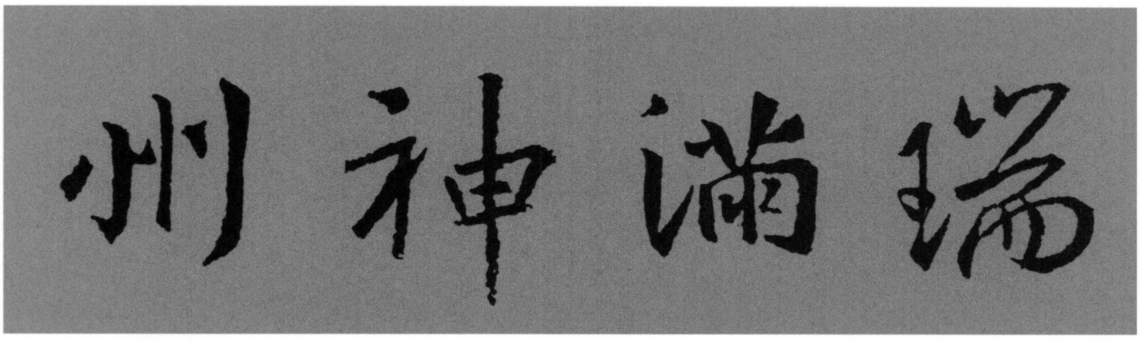

横披| 瑞满神州

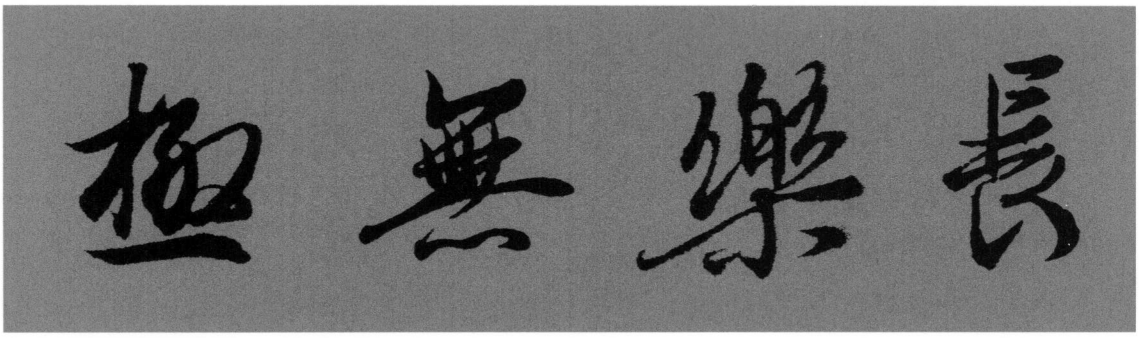

横披| 长乐无极

小贴士

通用——万象更新、春迎四海、一元复始、春满人间、万象呈辉、瑞气盈门、万事如意；
丰收——五谷丰登、风调雨顺、时和岁丰、物阜民康、雪兆年丰、春华秋实、吉庆有余；
福寿——福乐长寿、五福齐至、紫气东来、寿山福海、益寿延年、福缘善庆、福寿康宁；
文化——惠风和畅、千祥云集、鸟语花香、日月生辉、瑞气氤氲、正气盈门、江山如画；
行业——百花齐放、业精于勤、业广惟勤、万事如意、千秋大业；
爱国——振兴中华、江山多娇、大好河山、气壮山河、瑞满神州、祖国长春；
生肖——闻鸡起舞、灵猴献瑞、龙腾虎跃、龙兴华夏、万马争春。

图书在版编目(CIP)数据

王羲之行书集字春联/沈浩编. --上海:上海书画出版社,2016.12

(春联挥毫必备)

ISBN 978-7-5479-1372-7

Ⅰ. ①王… Ⅱ. ①沈… Ⅲ. ①行书-法帖-中国-东晋时代 Ⅳ. ①J292.23

中国版本图书馆CIP数据核字(2016)第288067号

王羲之行书集字春联

春联挥毫必备

沈浩 编

责任编辑	张恒烟
审　　读	雍　琦
责任校对	郭晓霞
技术编辑	包赛明
出版发行	上海世纪出版集团 上海书画出版社
地址	上海市延安西路593号　200050
网址	www.ewen.co www.shshuhua.com
E-mail	shcpph@163.com
制版	上海文高文化发展有限公司
印刷	浙江海虹彩色印务有限公司
经销	各地新华书店
开本	787×1092　1/12
印张	6.67
版次	2016年12月第1版　2018年3月第3次印刷
印数	7,601-10,900
书号	**ISBN 978-7-5479-1372-7**
定价	**26.00元**

若有印刷、装订质量问题，请与承印厂联系